D1996649

Eva Danner | Beate Vogel

Mit Krippenkindern durch das Jahr!

15 kleine Projekte für Kinder unter 3

BAND 4

Verlag an der Ruhr

Impressum

Titel
Mit Krippenkindern durch das Jahr – Band 4
15 kleine Projekte für Kinder unter 3

Autorinnen
Eva Danner, Beate Vogel

Titelbildmotiv
Eva Danner

Illustrationen
Icons: Anja Boretzki

Fotos im Innenteil
Wenn nicht anders angegeben: Eva Danner, Beate Vogel

Druckerei
Media Print Informationstechnologie GmbH, Paderborn, DE

Verlag an der Ruhr
Mülheim an der Ruhr
www.verlagruhr.de

Geeignet für Kinder von 1–3 Jahren

ISBN 978-3-8346-3674-4

Inhaltsverzeichnis

Ein paar Worte vorab …

Liebe Leserinnen*,
auch im vierten Band unserer Reihe *„Mit Krippenkindern durch das Jahr"* haben wir wieder 15 kleine Projekte zusammengestellt, die Ihre Jüngsten **begeistern** werden und die für ein ganzes Krippenjahr geeignet sind. Die verschiedenen **Jahreszeiten** sind ebenso Bestandteil wie **wiederkehrende Feste**, z. B. Muttertag oder Fasching.
In jedem Krippenkind steckt eine einzigartige kleine Persönlichkeit, ein selbstbewusstes **Individuum**, das seine Umwelt mit allen Sinnen entdecken und erkunden möchte. Alles wird berührt und ausgiebig ertastet. Vieles wird noch in den Mund genommen. Die kleinen Entdecker nehmen ihre Umwelt **mit allen Sinnen** wahr. Sie sehen, hören, riechen und schmecken, sie fühlen und tasten und erleben ihren Alltag neugierig, gespannt und aufmerksam – jeden Tag aufs Neue.
Geben Sie den Kindern immer ausreichend Zeit, Raum und Gelegenheiten, diesen Bedürfnissen nachzukommen, indem Sie ihnen eine **sichere Umgebung** schaffen und vertraute Bezugspersonen zur Seite stellen, mit denen die Kleinen sicheren Schrittes auf **Entdeckungsreise** gehen können.

Unterstützen Sie die Kinder auf ihrem Weg, sich mit der Welt vertraut zu machen und sich sicher darin zurechtzufinden.

Alle Projekte dieses Buches sind auf die **Bedürfnisse** der 1- bis 3-jährigen Kinder abgestimmt und wurden speziell für diese Altersgruppe konzipiert. Die Themen entsprechen der **Lebenswelt** der Kinder und bieten die Möglichkeit, Wissen zu vertiefen sowie Neues und Unbekanntes unvoreingenommen kennenzulernen. Nur wer Dinge kennt, kann sich für sie begeistern, Vorlieben entwickeln und Interesse zeigen.
Die Inhalte sind meist **ohne großen Aufwand** umsetzbar. Selbstverständlich bedarf es, wie auch bei Projekten für ältere Kinder, einer gewissen Vorbereitung vonseiten der Erzieherin. Wir haben jedoch versucht, diese so gering wie möglich zu halten, so können Sie die Projekte **schnell und unkompliziert** in Ihren Alltag integrieren.

Ganzheitlichkeit ist der Schlüssel zu lustvollem und nachhaltigem Lernen. Deshalb werden alle 15 Themen auf vielfältige Weise behandelt. Dabei sollen alle Sinne angeregt werden. Die Freude am Tun steht immer im Vordergrund. **Freiwilligkeit** ist daher oberste Priorität und jedes Kind entscheidet selbst, ob es an den Angeboten teilnehmen möchte oder nicht. Jedes Projektthema besteht aus fünf Angeboten.

* Aus Gründen der besseren Lesbarkeit haben wir in diesem Buch durchgehend die weibliche Form verwendet. Natürlich sind damit auch immer Männer gemeint, also Erzieher, Pädagogen und Fachanleiter etc.

Die einzelnen Angebotsformen werden im Folgenden erläutert:

Eine kurze **Geschichte** eignet sich gut als Einstieg, kann aber auch einfach zwischendurch vorgelesen oder frei nacherzählt werden.

Tipp zur Umsetzung: Bereiten Sie vorab die aufgeführten Requisiten vor. Lesen Sie den Kindern dann die Geschichte vor oder tragen Sie sie frei vor. Legen Sie bei den fett gedruckten Stellen die jeweiligen Gegenstände in den Sitzkreis, sodass eine Landschaft am Boden entsteht. Mit den Figuren können Sie die Handlungen nachspielen.

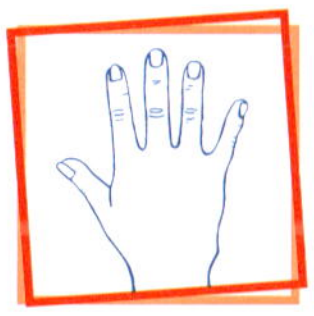

Ein kindliches Bedürfnis ist es, Sprache und Bewegung miteinander zu verbinden. Deshalb sind **Finger-** oder **Bewegungsspiele** Bestandteile eines jeden Projekts. Die leicht verständlichen Texte und Bewegungsanregungen verbessern zudem die Sprachentwicklung, Koordination und Feinmotorik der Kinder. Massagegeschichten laden zum Entspannen und Zur-Ruhe-Kommen ein und die Kinder können ihren Körper dabei intensiv spüren und wahrnehmen.

Einprägsame **Lieder** mit einfachen Texten und bekannten Melodien laden zum Mitsingen ein und fördern die Musikalität. Die verwendeten traditionellen Melodien ermöglichen es nahezu jedem, die Lieder ohne langes Einüben zu singen.

In **fantasievollen Kreativideen** können die kleinen Künstler neue Materialien und Techniken ausprobieren und kreativ tätig sein. Ausgangspunkt sind einfache geometrische Formen aus Papier, die von Ihnen vorbereitet werden. Die Kleinen können diese dann ab- bzw. durchschneiden und aufkleben. Auf diese Weise gestalten sie die Hauptfiguren oder wichtige Gegenstände der einzelnen Projektangebote.

Eine **Naturerfahrung**, ein **Experiment**, ein **Spiel** oder eine gemeinsame **Koch- und Backaktion** runden die Projekte ab. Die Kinder haben hier die Möglichkeit, Freude an körperlicher Aktivität zu empfinden sowie ihre Koordination und ihr Körpergefühl zu verbessern. Sie nehmen ebenfalls Naturmaterialien ganz genau in den Blick, experimentieren und spielen damit oder kochen gemeinsam ein leckeres Essen. Achten Sie bitte bei allen Rezepten auf eventuelle Allergien oder Unverträglichkeiten der Kinder.

Die vorgestellten Projekte ersetzen selbstverständlich nicht das freie Spiel der Kinder, sondern nehmen ledig-

Ein paar Worte vorab …

lich einen Teilbereich der täglichen pädagogischen Arbeit ein. **Zeit** für freies Spielen und zum Ausprobieren, sowohl in der Kita als auch in der Natur, sollte einen Großteil der Arbeit mit den Jüngsten ausmachen. Schaffen Sie deshalb immer **vielfältige Möglichkeiten** zum eigenständigen Ausprobieren und Entdecken. Ergänzend dazu stellen die hier gezeigten Miniprojekte eine **Bereicherung** für Ihren Krippenalltag dar und möchten Ihnen die Möglichkeit geben, Themen aus der **Lebenswelt** der unter Dreijährigen aufzugreifen und kindgerecht zu erarbeiten. Denn das freie Angebot, kombiniert mit angeleiteten Impulsen, stellt eine optimale Förderung der Kleinsten dar und hilft ihnen dabei, sich ganzheitlich mit ihrer **Umwelt** auseinanderzusetzen.

Wir möchten Ihnen mit diesem Buch Anregungen für das ganze Krippenjahr geben. Alle Projekte wurden bereits mehrfach **in der Praxis erprobt**. Sie haben aber bei allen Projekten die Möglichkeit, eigene Ideen und Vorstellungen miteinzubeziehen und die Themen nach Ihren Wünschen frei zu gestalten oder Interessen der Kinder gezielt zu vertiefen.
Wir wünschen Ihnen und Ihren Kindern viel Freude beim Ausprobieren und Umsetzen der Themen, die es auf vielerlei Weise zu entdecken gilt!

Eva Danner & Beate Vogel

Eva Danner und **Beate Vogel** arbeiten gemeinsam in einem Kindergarten mit Kindern unter 3 Jahren. Neben einer liebevollen Betreuung ist ihnen die Förderung der Kinder dieser Altersgruppe ein großes Anliegen. Im Verlag an der Ruhr bereits von ihnen erschienen:

978-3-8346-0718-8

978-3-8346-2226-6

978-3-8346-2558-8

Herbstzeit ist Blätterzeit

Der Übergang von Sommer zu Winter wird als Herbst bezeichnet und sein kalendarischer Beginn ist üblicherweise der 22. bzw. 23. September. Der Herbst ist die Zeit des Blätterfalls, denn die Laubbäume stellen bekannterweise ihr Wachstum während dieser Zeit ein. Wird es kälter, bereiten sich die Bäume auf den Winter vor und ihre Blätter färben sich bunt, bevor sie zu Boden fallen. Warum? Ganz einfach: Im Winter benötigen die Bäume ihre Blätter nicht. Sie saugen das Wasser und die Nährstoffe aus ihnen heraus und lagern diese in den Wurzeln ein. Verlieren Blätter ihr Blattgrün und Wasser, kommen wie durch Zauberhand die anderen bunten Farbstoffe in den Blättern zum Vorschein, als ob ein unsichtbarer Maler durch den Herbstwald spaziert. So leuchtet das Laub in der warmen Herbstsonne in vielen Farben: Rot, Gelb, Orange oder Braun. Weht dann noch ein kräftiger Wind, fallen die Blätter herunter, tanzen durch die Luft und landen schließlich auf dem Boden, wo sie langsam verrotten und zu Humus werden. Gerade in dieser Jahreszeit lohnt es sich, mit den Kindern nach draußen zu gehen und die Veränderungen in der Natur bewusst wahrzunehmen. So können Ihre Jüngsten die farbenfrohen Blätter betrachten, einsammeln oder dem Rascheln lauschen, wenn sie hindurchlaufen. Auch das Werfen der Blätter macht den Kleinen viel Freude, wenn das Laub langsam wieder zu Boden fällt. Genießen Sie diese wunderschöne Jahreszeit mit den Kindern und begeben Sie sich gemeinsam auf eine herbstliche Entdeckungsreise.

Viel Spaß dabei!

Eine einfühlsame Geschichte erzählt von der Blätterfee, die mit magischem Feenstaub die Blätter im Herbst bunt färbt.

Bei einem kreativen Angebot gestalten die Kleinen eine Fee, deren Rock aus gesammelten Herbstblättern besteht, und schulen dabei ihre Feinmotorik.

Achtung: Die Herbstblätter für die Fee müssen Sie vor dem Angebot – am besten mit den Kindern – gesammelt haben. Sie müssen vorab gepresst, getrocknet, laminiert und ausgeschnitten werden.

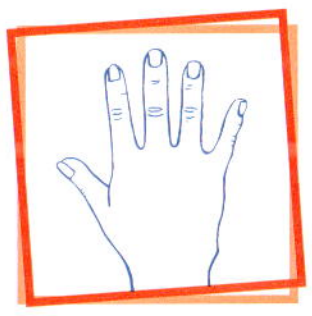

Ein Fingerspiel fördert die Sprachentwicklung und Koordination der Kinder.

Die Kleinen nehmen Unterschiede in Farbe, Form und Größe von Herbstblättern wahr und lernen die dazugehörenden Baumfrüchte kennen.

Bei einem selbst gemachten Spiel lernen die Kinder verschiedene Blattformen kennen und diese den entsprechenden Bäumen zuzuordnen.

Ein toller Ausflug in den kunterbunten Herbstwald.

Die Blätterfee und der Herbst

Das brauchen Sie

- Blätterfee (aus Papier)
- Baum (aus Papier oder Holz)
- Vogel (aus Papier oder Spielfigur)
- Blätter (aus Papier oder echt, grüne und bunte)
- Sonne (aus Papier)
- Himmel (blaues Tuch)
- Kirschen (aus Papier oder aus dem Kaufmannsladen)
- Karotten (aus Papier oder aus dem Kaufmannsladen)
- Feenstaub (Glitter o. Ä.)
- Eichhörnchen (aus Papier oder Spielfigur)
- Haselnuss

Anleitung siehe S. 5

Der Sommer geht allmählich zu Ende und die **Blätterfee** fliegt fröhlich umher. In den Ästen eines **Baumes** bleibt sie sitzen, als ein **Vogel** sich neben sie setzt. „Wie schön der Sommer ist", sagt dieser, „die **Blätter** der Bäume leuchten in sattem Grün. Die **Sonne** strahlt gelb vom blauen **Himmel** herunter. Die saftigen **Kirschen** sind wunderschön rot und die **Karotten** in den Gärten sehen orange und lecker aus. Schade, dass es bald Herbst wird und die bunten Farben verschwinden. Am liebsten wäre es mir, wir hätten immer Sommer."

„Das geht leider nicht", antwortet die Fee. „Viele Tiere warten auf den Herbst. Das Eichhörnchen sammelt dann nämlich Nüsse für den Winter und der Igel frisst sich einen dicken Winterspeck an. Die Wildschweine freuen sich lange Zeit schon auf die köstlichen Eicheln und die Rehe und Hirsche fressen dann die schmackhaften Kastanien. Das alles gibt es nämlich nur im Herbst", erklärt die Blätterfee.

„Es ist trotzdem schade, dass der Herbst kommt und es nicht mehr hell und grün im Wald ist", meint der Vogel und flattert davon.

In dieser Nacht streut die Fee wundersamen **Feenstaub** auf die Blätter der Bäume. Als sie am nächsten Morgen erwacht, sitzt der kleine Vogel bereits neben ihr und ist furchtbar aufgeregt.

„Schau, was passiert ist!", ruft er laut. „Die Blätter der Bäume sind bunt geworden. Sieh nur!" Tatsächlich, der Feenstaub hat alle grünen Blätter bunt gemacht. Manche sind rot wie die saftigen **Kirschen** (**rotes Blatt** zur Kirsche legen), andere gelb wie die **Sonne** (**gelbes Blatt** zur Sonne legen) und wiederum andere leuchten in einem wunderschönen Orange, wie einst die **Karotten** (**orangefarbenes Blatt** zur Karotte legen) in den Gärten.

„Ist das nicht wunderschön?", fragt der Vogel.

„Ja, ist es", bestätigt die Blätterfee. Der Vogel weiß nicht, dass es die Fee war, die die Blätter der Bäume bunt gemacht hat. Lange Zeit sitzen die beiden nur so da und betrachten den Wald, der in allen Farben leuchtet.

„Ich habe nie etwas Schöneres gesehen. Ich liebe den Herbst", lacht der Vogel und freut sich.

„Ich liebe den Herbst auch", ruft jemand und dann springt ein **Eichhörnchen** herbei und knabbert genüsslich eine kleine braune **Haselnuss**, während die Rehe, Hirsche und Wildschweine sich die leckeren Eicheln und Kastanien schmecken lassen.

Blätterfee

Material

- Tonkarton in den Farben Weiß, Schwarz, Pink, Hautfarbe und nach Wunsch
- farbige Märchenwolle
- gepresste und laminierte Herbstblätter
- Schere
- Locher
- Klebstoff
- Klebeband

Durchführung

Für den Kopf:

Bereiten Sie für den Kopf ein hautfarbenes, 6 x 6 cm großes Quadrat vor sowie einen weißen, 1 cm breiten Streifen für die Augen, einen pinkfarbenen, 2 cm großen Kreis als Mund und einen hautfarbenen, 2 cm breiten Streifen als Hals. Die Kinder schneiden am Kopf alle vier Ecken ab. Vom weißen Streifen schneiden sie zwei Stücke als Augen ab und kleben schwarze Locherpunkte als Pupillen auf. Den Kreis halbieren sie und verwenden eine Hälfte davon als Mund. Vom hautfarbenen Streifen schneiden sie ein Stück als Hals ab. Die Einzelteile des Gesichtes setzen die Kleinen mit Klebstoff zusammen. Einen pinkfarbenen Locherpunkt befestigen sie als Nase, etwas Märchenwolle in der Wunschfarbe als Haare.

Das Gesicht wird gestaltet.

Für Arme und Beine:

Schneiden Sie ein 10 x 10 cm großes Quadrat als Bauch in der Wunschfarbe zu sowie zwei 10 x 3 cm große Rechtecke als Arme und einen 3 cm großen Kreis für die Füße. Bereiten Sie weiterhin zwei hautfarbene, 1,5 x 3 cm große Rechtecke als Hände vor und einen 1,5 x 20 cm langen Streifen für die Beine. Die Kinder schneiden das Quadrat für den Bauch auf einer Seite schräg zu. Die Arme schneiden sie ebenfalls auf einer schmalen Seite schräg zu, den Kreis für die Füße halbieren sie. An den Händen schneiden die Kleinen jeweils auf einer schmalen Seite beide Ecken ab und den hautfarbenen Streifen halbieren sie längs. Die Einzelteile setzen sie mit Klebstoff zusammen.

Die Fee trägt ein Blätterröckchen.

Für den Rock:

Diesen Arbeitsschritt müssen Sie übernehmen, da er für Ihre Jüngsten vermutlich zu schwierig ist. Die Kinder suchen aus den gesammelten und laminierten Herbstblättern einige aus. Legen Sie sie zu einem Blätterrock zusammen und befestigen Sie die einzelnen Blätter mit Klebeband aneinander.

Fertigstellung:

Die Kleinen kleben Kopf und Rock am Bauch fest und fixieren die Beine auf der Rückseite. Wer möchte, kann der Fee noch ein gepresstes gelbes Herbstblatt (ebenfalls laminiert) als Krone aufsetzen.

Die Blätter und der Pustewind

Verse sprechen …	Finger spielen …
Kommt alle, schaut! Könnt ihr es sehn? Der Herbst ist da, wie wunderschön!	*Mit den Händen die Augen beschatten; mit den Armen einen sich öffnenden Halbkreis nachahmen*
Die Blätter hängen hoch am Baum,	*Die Arme über den Kopf strecken und die Finger spreizen;*
der Wind bläst sacht, man spürt ihn kaum.	*sachte pusten*
Doch pustet er nun immer mehr, die Blätter fliegen hin und her.	*Fester pusten; mit den Armen über dem Kopf hin und her schwingen*
Durch alle Äste braust der Wind und wirft die Blätter ab geschwind.	*Ganz fest pusten; mit den Fingern „rieselnde" Bewegungen Richtung Boden ausführen*
Ob rot, ob grün, ob gelb, ob braun, sie alle fallen ab vom Baum.	*Mit den Fingern zählen; die Arme von oben nach unten führen*
Nun liegen sie im grünen Gras, was für ein toller Herbst ist das!	*Mit den Händen über den Boden streichen; mit den Armen einen sich öffnenden Halbkreis nachahmen*

Herbstlaub und Baumfrüchte

Der Herbst ist eine eindrucksvolle und interessante Jahreszeit. Innerhalb kurzer Zeit verändert sich die Natur. Die Blätter werden bunt, die Baumfrüchte reifen und fallen ab und der Herbstwind bläst mal mehr, mal weniger stürmisch. Nutzen Sie die Gelegenheit, so oft wie möglich mit den Kindern nach draußen zu gehen, um diese Veränderungen hautnah zu erleben und zu erspüren.

Im Herbst findet man kunterbunte Blätter und allerlei mehr.

Dabei bietet es sich an, verschiedenes Herbstlaub und Baumfrüchte zu sammeln, und in der Kita einmal näher zu betrachten. Wie sehen die Blätter aus? Welche Farben können wir entdecken? Usw.

Alle helfen beim Sortieren und Zuordnen mit und haben viel Freude dabei.

Sortieren Sie gemeinsam mit den Kindern die Naturmaterialien nach verschiedenen Aspekten, z. B.:

- **Blätter und Baumfrüchte**
  Welche Blätter und Früchte gehören zueinander? (Kastanie, Eiche, Ahorn, …)
- **Farben**
- **Größe**
- **Form der Blätter** usw.

So erfahren die Kinder auf spielerische Art und Weise viele interessante Dinge über die verschiedenen Naturmaterialien, die der Herbst hervorbringt, und ganz nebenbei wird die Sprachentwicklung und Begriffsbildung gefördert.

Das Betrachten und Sortieren der gesammelten Naturmaterialien macht viel Spaß.

Herbstblätter und ihre Bäume

Nachdem Sie mit den Kindern in der Natur verschiedenes Herbstlaub gesammelt, sortiert und näher betrachtet haben, bietet es sich an, dieses weiter zu verwenden. So können Sie gemeinsam mit den Kindern Blätter diverser Bäume (z. B. Ahorn, Eiche, Linde, Buche …) pressen und für ein Herbstblätter-Spiel verwenden.

Das brauchen Sie

- grünen und braunen Tonkarton
- Schere
- Klebstoff
- gepresste Herbstblätter (von verschiedenen Bäumen)
- Laminiergerät und Folien

So geht es

Fertigen Sie aus dem grünen Tonkarton drei unterschiedliche Baumkronen und aus dem braunen Tonkarton drei Baumstämme an. Anschließend setzen Sie die Einzelteile mit Klebstoff zusammen.
Für eine bessere Stabilität laminieren Sie die Herbstblätter im Vorfeld und schneiden diese nach dem Abkühlen entlang der Blätterform aus.
Zur besseren Orientierung kleben Sie je ein laminiertes Herbstblatt auf einen Baum.

Nun kann das Spiel beginnen:

In einem Korb liegen die verschiedenen Herbstblätter. Reihum kann sich nun jedes Kind ein Blatt aussuchen und dem entsprechenden Baum zuordnen. Dabei muss das Kind ganz genau aufpassen, dass das Blatt auf dem „richtigen Baum" wächst. Sind alle Blätter verteilt, kommt der stürmische Herbstwind und pustet alle Blätter wieder runter. Jetzt kann das Spiel von vorne beginnen.

Gut zu wissen

- Achten Sie darauf, dass nur solche Blätterarten verwendet werden, welche sich deutlich voneinander unterscheiden. Dies erleichtert den Kindern die Zuordnung.
- Das Spiel kann sowohl im Morgenkreis mit allen Kindern gemeinsam, aber auch in der Freispielzeit von einzelnen Kindern gespielt werden.

Zeit der Ernte: Erntedank

Jedes Jahr im Oktober findet in den Gemeinden das Erntedankfest statt. Ein Fest zu Ehren Gottes, der mit seiner Schöpfung für Mensch und Tier sorgt. 1972 wurde der erste Oktobersonntag von der Bischofskonferenz offiziell als *„Erntedank-Sonntag"* festgelegt – verpflichtend ist dieses Datum jedoch nicht. Bereits seit dem 3. Jahrhundert danken die Menschen für die Ernte und schon Krippenkinder können ein Gefühl dafür entwickeln, dass sie und alles, was auf der Erde lebt und wächst, Teil von Gottes wunderbarer Schöpfung ist. Schon vor der eigentlichen Feier bietet es sich an, die Thematik des Wachsens und Gedeihens näher zu beleuchten. Geben Sie den Kindern Zeit und Raum, die Wunder der Natur mit allen Sinnen zu erfahren und zu erleben. So kann ein winziges Weizenkorn, ein Blatt im Wind oder ein farbenfroher Schmetterling, der fröhlich umherflattert, die Aufmerksamkeit der Kleinen auf sich lenken. Staunen, sich freuen, dankbar sein für alle großen und kleinen Wunder der Natur heißt hier die Devise. Vermitteln Sie Ihren Jüngsten einen achtsamen und respektvollen Umgang mit der Umwelt, damit diese beschützt und bewahrt wird. In der Kirche wird die Erntedankfeier in den Gottesdienst integriert und die Gaben – Feldfrüchte, Getreide, Obst – schmücken mit ihrer Vielfalt den Altar. In der Kita können Sie ebenfalls ein Fest feiern, um für die Ernte zu danken. Ob Sie dieses als „Herbstfest" oder „Erntedankfeier" auslegen, bleibt Ihnen überlassen. Wie auch immer Sie diese Thematik aufgreifen, geben Sie den Kindern immer die Möglichkeit, die Natur zu betrachten, zu befühlen und zu begreifen. Wir wünschen Ihnen viel Freude beim Sehen, Staunen und Danken.

In der Nacherzählung einer Fabel von Leonardo da Vinci, erfahren die Kinder Wissenswertes über das Wachsen und Gedeihen des Weizens.

Bei einem Kreativangebot können die Kleinen ein tolles Erntekörbchen herstellen, das zusätzlich sinnliche Erfahrungen ermöglicht.

Bei einer gemeinsamen Erntedankfeier erleben die Kinder ein Gemeinschaftsgefühl und können beim Ernten von Obst und Gemüse mithelfen.

Bei der Zubereitung eines leckeren Erntedankfrühstücks dürfen alle mithelfen und die Kinder lernen die einzelnen Obstsorten kennen und sie zu benennen.

Ein fröhliches Lied lädt zum Mitsingen ein und fördert die Musikalität der Kinder.

Hier dürfen die Kleinen bei der Ernte mithelfen.

Die Ameise und der Weizen

Das brauchen Sie

- Ameise (aus Papier oder Spielfigur)
- Weizenkorn (aus Papier oder echt)
- Schnecke (aus Papier oder Spielfigur)
- Tag (Sonne aus Papier)
- Nacht (Mond aus Papier)
- Regen (blaue Locherpunkte)
- Wolken (aus Papier)
- Erde (braunes Tuch)
- verschiedene Pflanzen aus Papier (1 x klein, 1 x etwas größer und mit Stiel, 1 x noch größer, 1 x mit Ähre oder echter Weizen)

Anleitung siehe S. 5

*An einem sonnigen Morgen ist eine **Ameise** auf Futtersuche, als sie ein kleines, braunes **Weizenkorn** entdeckt. „Oh! Was für ein schönes Weizenkorn. Das werde ich auf meinem Rücken nach Hause tragen. Bestimmt wird es mir gut schmecken." Doch gerade als sie es mitnehmen will, kriecht eine **Schnecke** vorbei. „Guten Tag. Was machst du hier?", will sie wissen. „Ich habe ein Weizenkorn gefunden. Das werde ich jetzt zu meinem Ameisenhügel tragen und mir dort gut schmecken lassen." – „Nein! Das darfst du nicht!", ruft die Schnecke. – „Aber warum denn nicht? Schließlich habe ich es gefunden." – „Ich verrate dir jetzt ein Geheimnis: Wenn du das eine Weizenkorn in den Boden steckst und mit Erde bedeckst, können daraus hundert neue Körner wachsen." – „Das glaube ich nicht", erwidert die Ameise. „So etwas gibt es nicht." – „Dann lass es uns doch versuchen und du wirst sehen, dass ich recht habe", sagt die Schnecke und so kommt es, dass die beiden das kleine Weizenkorn in der **Erde** vergraben. – „Jetzt haben wir es vergraben. Aber es sind keine hundert Körner daraus gewachsen. Du hast geschwindelt", sagt die Ameise. – „Nun, es geht natürlich nicht so schnell. Es dauert eine ganze Weile, bis die vielen Körner gewachsen sind", erklärt die Schnecke. Und so beschließen die zwei, sich genau in einem Jahr wiederzutreffen, um nachzusehen, ob tatsächlich aus einem einzigen Weizenkorn, hundert neue wachsen können. Die Zeit vergeht. Es wird **Tag** und es wird **Nacht**. Die Sonne scheint viele Tage heiß vom Himmel herunter und kein einziger Regentropfen fällt. An manchen Tagen **regnet** es von früh bis spät und dunkle **Wolken** bedecken den Himmel. So vergeht ein Tag nach dem anderen, bis plötzliche eine **Pflanze** aus der Erde wächst. Zuerst ist sie klein, doch schnell wird sie größer. Ihr Stiel wird länger und sie bekommt **Blätter**. Nach vielen Wochen wächst eine **Ähre** daran, an der unzählige kleine Weizenkörner zu sehen sind. Da kommen die Ameise und die Schnecke zurück. „Schau, was aus unserem Weizenkorn geworden ist!", ruft die Schnecke. – „Aber es sind ja unzählige Körner gewachsen!", staunt die Ameise. – „Das habe ich dir doch gesagt." – „Aber wie kann das sein?" – „Das, liebe Ameise, ist das Wunder des Lebens. Die Natur lässt alles wachsen und gedeihen. Sie sorgt für uns und dafür, dass wir immer genug zu essen haben und keinen Hunger leiden müssen." – „Das ist ja ein tolles Wunder", muss die Ameise zugeben. – „Ja, es ist wirklich toll", bestätigt die Schnecke. „Aus einem einzigen Weizenkorn können hundert neue wachsen." Mit diesen Worten machen sich die zwei auf den Heimweg. Hin und wieder kommt die Ameise zurück und nimmt eines der vielen Körner mit, das ihr wunderbar schmeckt. Es sind so viele, dass es für den ganzen Winter reicht. Das letzte Korn aber wird sie wieder in der Erde vergraben. Denn nun kennt sie das Wunder des Lebens. Und dafür ist die Ameise sehr dankbar.*

angelehnt an Leonardo da Vincis „Die Ameise und das Weizenkorn"

Erntekörbchen

Material

- buntes Transparentpapier
- wasserfester Stift
- Tonkarton
- Luftballons
- kleine Schüssel
- Tapetenkleister
- Pinsel
- Heißkleber (alternativ: Klammerhefter)
- Schere

So sieht das fertige Körbchen aus.

Durchführung

Bereiten Sie 3–5 cm breite Streifen aus Transparentpapier vor und pusten Sie die Luftballons auf die gewünschte Größe auf. Zeichnen Sie mit dem wasserfesten Stift eine Linie auf den Ballon, damit die Kleinen eine optische Unterstützung haben, wo das Transparentpapier später aufgeklebt werden soll. Die Kinder schneiden die Streifen in Stücke und befestigen sie mit dem Tapetenkleister auf dem Ballon. Dabei dürfen Ihre Jüngsten selbst entscheiden, ob sie den Kleister mit dem Pinsel oder mit den Händen auftragen wollen.

Sorgfältig werden die vielen Stücke aufgeklebt.

Nach dem Trocknen schneiden Sie mit der Schere ein kleines Loch in den Ballon und schon zieht dieser sich zusammen, da die Luft entweicht.

Von einem Tonkartonstreifen in der Farbe ihrer Wahl schneiden die Kleinen ein Stück als Henkel ab, welchen Sie mit Heißkleber innen im Körbchen befestigen. Fertig.

Oh, der Ballon ist weg!

Tipp

Wenn Sie den Ballon in eine kleine Schüssel setzen, verrutscht dieser beim Kleistereinstreichen nicht.

Erntedankfeier

Wenn Sie mit Ihren Jüngsten Erntedank feiern, bietet es sich an, die Aktion des Erntens in der Kita nachzustellen, wenn Sie keine Gelegenheit haben, tatsächlich etwas zu ernten. Hierzu eignen sich zwei Varianten:

Variante 1

Platzieren Sie auf einer Plastikplane so viel Erde, dass sich sowohl Gemüsesorten eingraben als auch einpflanzen lassen. So können Sie beispielsweise Kartoffeln verbuddeln, Rüben und Karotten eingraben oder ganze Maispflanzen in die Erde hineinstecken. Drapieren Sie ein braunes Tuch darum und fertig ist ein kleiner Garten, der zur Ernte bereitsteht.

Ein toller Garten ist entstanden.

Um auch Obst zu ernten, können Sie Äpfel, Birnen, Trauben etc. an Pflanzen in der Gruppe hängen. Dort können die Kinder es dann „pflücken". Die Kinder dürfen nun gemeinsam mit Ihnen die einzelnen Gemüse-, Getreide- und Obstsorten ernten und in einen großen Korb legen.

Regen Sie die Kleinen zum Sprechen an, indem Sie Fragen stellen wie:
„Was hast du denn hier geerntet?"
„Weißt du, wie es heißt?"
„Hast du so etwas schon einmal gegessen?"
Ist der Korb gefüllt, können Sie zusammen ein Erntedanklied singen, bevor sich alle in ihren Gruppen bei einem gemütlichen Erntedank-Frühstück stärken dürfen.

Variante 2

Platzieren Sie in einem mit einem Tuch umwickelten Reifen eine Kerze, die als Symbol für Gott steht, der all die vielen Dinge wachsen und gedeihen lässt. Legen Sie um den Reifen herum verschiedene Tücher, auf welche die Kinder das Gemüse und Obst legen dürfen.

So viele leckere Sachen wurden geerntet.

Stellen Sie einen Korb bereit, in dem sich die Dinge befinden, die geerntet werden können. Reihum darf nun jeder etwas aus dem Korb nehmen und auf eines der Tücher legen. Der weitere Ablauf ist identisch mit Variante 1.

Erntedankfrühstück

Aus den „geernteten" Obst- und Gemüsesorten lässt sich ein leckeres Frühstück herstellen, bei dessen Zubereitung alle mithelfen dürfen. Das Angebot richtet sich nach den Vorlieben Ihrer Kinder.

Mögliche Zutaten können sein:

- Äpfel
- Birnen
- Trauben
- Gurken
- Brot
- Karotten …

Betrachten und benennen Sie zunächst gemeinsam mit den Kindern die einzelnen Zutaten, bevor Sie diese gründlich waschen.

Zuerst muss alles gründlich gewaschen werden.

Nun werden Apfel, Birne und Co. in kleine, mundgerechte Stücke geschnitten. Hierbei können Ihre Jüngsten wieder mithelfen.

Konzentriert werden Apfel, Birne und Co. kleingeschnitten.

Ist alles geschnitten und auf Tellern verteilt, können Sie noch Butterbrote anbieten und was immer Sie sonst noch möchten. Vielleicht gibt es noch Joghurt und Haferflocken oder andere schmackhafte Dinge. Zusammen mit den Kindern wird der Tisch hübsch gedeckt und dann steht einem leckeren und gesunden Erntedankfrühstück nichts mehr im Wege.

Am hübsch gedeckten Tisch schmeckt es gleich doppelt so gut.

Hmmm, das schmeckt lecker.

Guten Appetit!

Gut zu wissen:

Bei dieser Aktion wird zusätzlich das Gemeinschaftsgefühl der Kinder gestärkt. Alle haben zusammen Obst und Getreide „geerntet", helfen nun bei der Zubereitung und als krönender Abschluss dürfen es sich alle in gemütlicher Runde schmecken lassen.

Heut ist ein Fest

Melodie: *traditionell, „Hänsel und Gretel"*
Text: *Eva Danner*

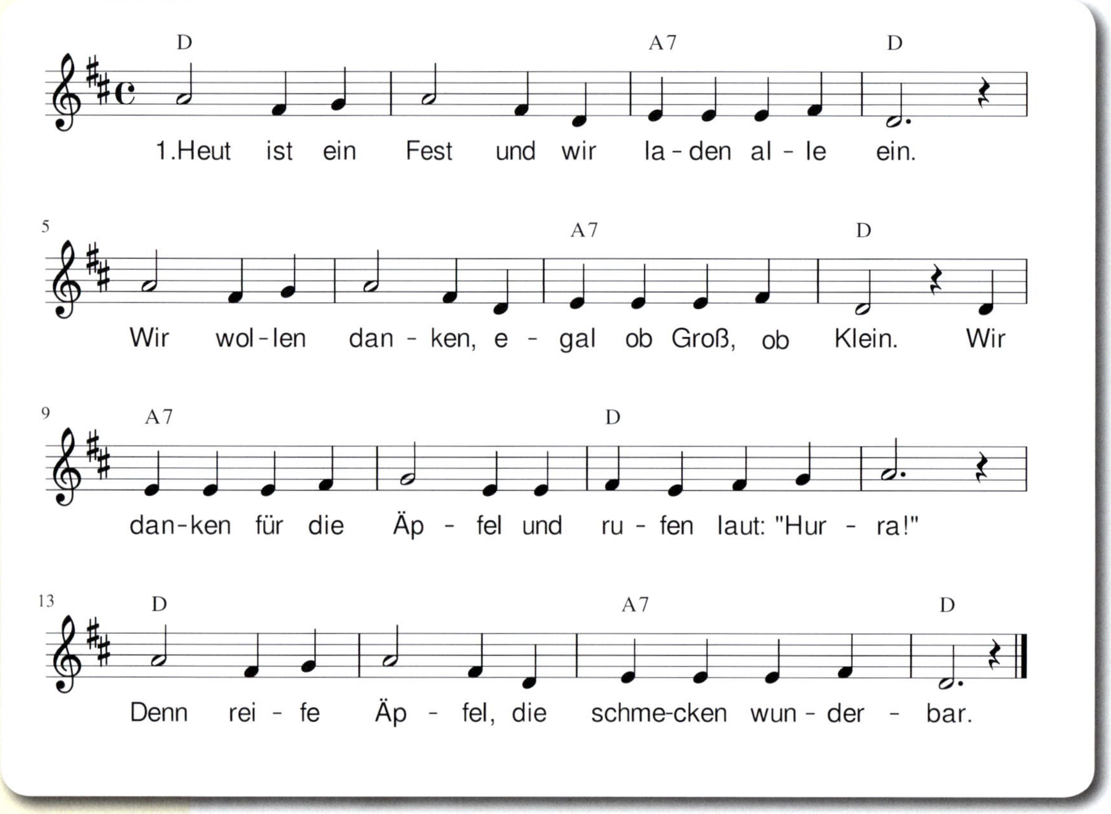

2. Heut ist ein Fest und wir laden alle ein.
Wir wollen danken, egal ob Groß, ob Klein.
Wir danken für die Birnen und rufen laut: „Hurra!"
Denn reife Birnen, die schmecken wunderbar.

3. Heut ist ein Fest und wir laden alle ein.
Wir wollen danken, egal ob Groß, ob Klein.
Wir danken für die Gurken und rufen laut: „Hurra!"
Denn reife Gurken, die schmecken wunderbar.

Gut zu wissen

Weitere Strophen könnten sein:
… wir danken für die Trauben …
… wir danken für die Nüsse …
… wir danken für die Möhren …

Die Kartoffel – Eine tolle Knolle

Die Kartoffel, auch Erdapfel genannt, zählt zu den Nachtschattengewächsen und ist eines der weltweit wichtigsten Nahrungsmittel. An den krautigen, bis etwa 1 m hoch wachsenden Pflanzen sind alle grünen Teile leicht giftig. Ihre Blüten sind weiß und die Samen werden in kleinen Beeren gebildet. Unterirdisch entstehen die Knollen, also die eigentlichen Kartoffeln. Weltweit werden unzählige verschiedene Sorten angebaut, die nicht nur der Mensch isst, sondern die auch Tiere als Futter bekommen. Die Speisekartoffeln unterscheiden sich in drei Kocheigenschaften: festkochend, vorwiegend festkochend und mehlig kochend. Je nach Zubereitung (Pellkartoffeln, Kartoffelbrei, Kartoffelsalat …) werden verschiedene Kocheigenschaften benötigt. Nicht jede Kartoffel ist gleich und sie unterscheiden sich auch nach Schalen- und Fleischfarbe, Stärkegehalt, Knollenform und Schalenbeschaffenheit. Besonders frühe Kartoffelsorten können schon im Juni/Juli geerntet werden, während die meisten Sorten erst im Herbst erntereif sind. Kartoffeln besitzen viele gesunde Inhaltsstoffe, wie Vitamine, Kalzium und Magnesium. Werden die Kartoffeln kühl gelagert, sind sie recht lange haltbar. Aus Kartoffeln lassen sich leckere und gesunde Speisen zubereiten. Alte, nicht mehr essbare Knollen können als kreatives Gestaltungselement verwendet werden und viele weitere Dinge sind mit diesen tollen Knollen möglich. Was man mit Kartoffeln alles anstellen kann, erfahren Sie in diesem Projekt. Viel Vergnügen beim Umsetzen.

Eine Geschichte erzählt von der Kartoffelkönigin und die Kinder erfahren etwas über das Wachstum der Knollen.

Mithilfe des Kartoffeldrucks gestalten die Kinder Kartoffeln und schulen dabei ihre Feinmotorik und Auge-Hand-Koordination.

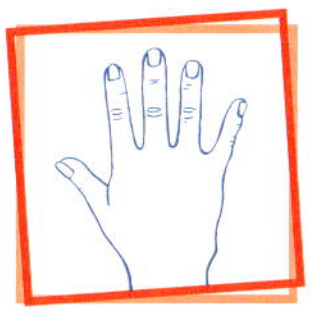

Bei einem Fingerspiel wird die Sprachentwicklung und Koordination der Kinder gefördert.

Ein lustiges Lied lädt zum Mitsingen ein und berichtet davon, was sich aus Kartoffeln alles zubereiten lässt.

Die Kleinen helfen bei der Zubereitung leckerer Ofenkartoffeln mit und lassen sich diese in gemütlicher Runde schmecken.

Erntezeit im Garten

Die Kartoffelkönigin

Das brauchen Sie

- Feld (braunes Tuch)
- Kartoffeln (echte, aus dem Kinderkaufmannsladen oder aus Papier)
- Kartoffelkönigin (echte Kartoffel oder aus Papier)
- 2 Frauen, 1 Mann (aus Papier oder Spielfiguren)
- Korb
- Eimer
- Rabe (Spielfigur oder aus Papier)
- Triebe (grüner Chenilledraht)

Anleitung siehe S. 5

Auf dem **Feld** sind die **Kartoffeln** reif. Es gibt große und kleine, dicke und dünne, runde und längliche. Die größte von ihnen ist rund und hat eine Schale, die nicht den kleinsten Kratzer hat. „Ich bin die schönste Kartoffel von allen", ruft sie. „Ich bin die Königin der Kartoffeln. Ich bin die **Kartoffelkönigin**!" Die anderen beachten sie nicht weiter, denn sie freuen sich, dass die Menschen bald kommen und sie ernten werden. „Dann werde ich zu einem leckeren Kartoffelsalat werden", spricht eine kleine Kartoffel. – „Du?", ruft die Kartoffelkönigin. „Du wirst niemals zu Kartoffelsalat werden. Sieh doch, wie klein du bist. Niemand will eine so kleine Kartoffel ernten." Eine andere sagt: „Aus mir wird man Kartoffelbrei machen." – „Ha!", ruft die Kartoffelkönigin. „Du siehst aus wie eine Birne. Wer will denn Kartoffeln ernten, die wie Birnen aussehen?" – „Aus uns wird man sicher Bratkartoffeln machen", flüstern einige Kartoffeln. – „Nie im Leben! Seht doch, wie schmutzig ihr seid. Kein Mensch wird so sandige Kartoffeln mit nach Hause nehmen wollen", spricht die Königin und versteckt sich tief in der Erde, um zu schlafen. Am nächsten Tag kommt eine **Frau** mit einem **Korb** vorbei. „Oh das sind ja schöne kleine Kartoffeln. Aus ihnen lässt sich ein leckerer Kartoffelsalat machen", sagt sie und legt die Kartoffeln in ihren Korb. Eine andere Frau hat eine Knolle entdeckt, die wie eine Birne aussieht. „Sie sieht aus wie die Birnen, die früher in meinem Garten gewachsen sind. Bestimmt wird sie ganz wunderbar schmecken. Ich werde Kartoffelbrei aus ihr machen", sagt sie und erntet nur Kartoffeln, die eine birnenähnliche Form haben. Am Mittag kommt ein **Mann**, um ebenfalls Kartoffeln mitzunehmen. Doch die meisten sind bereits geerntet. Nur noch ein paar sandige Knollen liegen in der Erde. „Macht nichts. Wenn sie gewaschen sind, werden sie als Bratkartoffeln lecker schmecken." Als die Kartoffelkönigin erwacht, stellt sie fest, dass keine einzige Kartoffel mehr da ist. „Wo sind denn alle hin?" – „Sie wurden geerntet", ruft ein **Rabe**. – „Geerntet? Die kleinen und die schmutzigen und die birnenförmigen Kartoffeln?" – „Ja, alle wurden mitgenommen, nur du nicht." – „Oh", sagt die Kartoffelkönigin traurig. „Dann bin ich jetzt ganz alleine. Was soll ich denn nun machen?" Der Rabe weiß auch keinen Rat und die Kartoffelkönigin legt sich wieder in die Erde hinein, wo sie bald darauf einschläft. Als sie wieder erwacht, staunt sie, denn es haben sich viele kleine **Triebe** an ihrem Bauch gebildet. Bald sind sie so groß geworden, dass sie aus der Erde herauswachsen. Und mit der Kartoffelkönigin ist noch etwas passiert: aus ihrem Bauch sind nämlich noch andere Triebe gewachsen, die tief in den Erdboden hinunterreichen. Und dort haben sich unzählige neue **Kartoffeln** gebildet, die rasch größer werden. Da freut die Kartoffelkönigin sich, denn sie ist nicht mehr alleine. Sie beschließt von diesem Tage an, nie wieder gemein zu den anderen zu sein, denn jede Kartoffel schmeckt gut, egal ob sie klein oder groß, dick, dünn oder schmutzig ist oder wie eine Birne aussieht. Das weiß sie jetzt.

Die Kartoffelkönigin

Material

- dunkelbrauner Tonkartonbogen (DIN A3)
- Tonkarton in Weiß, Rot, Schwarz, Gelb
- hellbraune Fingerfarbe
- Kartoffeln
- Messer
- Pinsel
- Schere
- Locher
- Klebstoff

So sehen die Kartoffelkönigin und ihre Freundinnen aus.

Durchführung

Die Kinder bestreichen eine Kartoffelhälfte mit brauner Fingerfarbe und drucken sie auf ihren Papierbogen. Stellen Sie den Kleinen unterschiedlich große Kartoffeln zur Verfügung und verwenden Sie die größte Hälfte für die Kartoffelkönigin. Die gedruckten Kartoffeln lassen Sie anschließend trocknen.

Bereiten Sie einen weißen Streifen für die Augen vor, mehrere Kreise für die Münder und ein gelbes Rechteck für die Krone. Die Größe der Papierteile richtet sich nach der gewählten Kartoffelgröße. Die Kinder schneiden für jede Kartoffel zwei Stücke des weißen Streifens als Augen ab und kleben schwarze Locherpunkte als Pupillen auf. Die Kreise halbieren sie und verwenden jeweils einen Halbkreis als Mund. Mit Klebstoff befestigen sie Augen und Mund und fixieren einen roten Locherpunkt als Nase.
Am gelben Rechteck schneiden die Kleinen auf einer breiten Seite mehrere Zacken heraus und befestigen die so entstandene Krone an der Kartoffelkönigin.

Sorgfältig wird die Kartoffelhälfte mit Farbe bestrichen …

… danach auf den Papierbogen aufgedruckt …

… und dann erhalten alle Kartoffeln ein Gesicht.

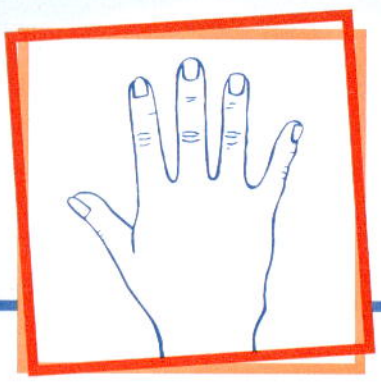

Kartoffelernte

Verse sprechen …	Finger spielen …
Hurra, Hurra, der Herbst ist da!	*Rhythmisch klatschen*
Kommt, lasst uns in den Garten gehn und dort nach den Kartoffeln sehn.	*Mit den Händen auf die Oberschenkel patschen; mit einer Hand die Augen beschatten; hin- und herblicken*
Sie sind im Boden gut versteckt, von brauner Erde zugedeckt.	*Mit dem Zeigefinger nach unten deuten; mit der flachen Hand über den Boden streichen*
Drum holen wir die Schaufel raus und graben die Kartoffeln aus.	*Schaufelbewegungen durchführen*
Wir legen sie ins Körbchen rein und bringen sie zur Mutter heim.	*Pantomimisch Kartoffeln ins Körbchen legen; mit den Händen auf die Oberschenkel patschen*
Sie kocht bestimmt was Leck'res draus und die Geschichte ist nun aus!	*Mit dem Kopf nicken; nach vorne ausgestreckte Unterarme bewegen sich von der Mitte aus zur rechten und linken Seite hin; Handflächen zeigen nach oben*

Gut zu wissen:

Das Fingerspiel kann auch gut als Bewegungsspiel durchgeführt werden. Die Bewegungen werden dann mit dem ganzen Körper dargestellt. In einem zweiten Durchgang können dann evtl. der Vater, die Oma oder andere Personen etwas Leckeres kochen.

Der Kartoffelsong

Melodie: *traditionell, „Tante aus Marokko“*
Text: *Eva Danner*

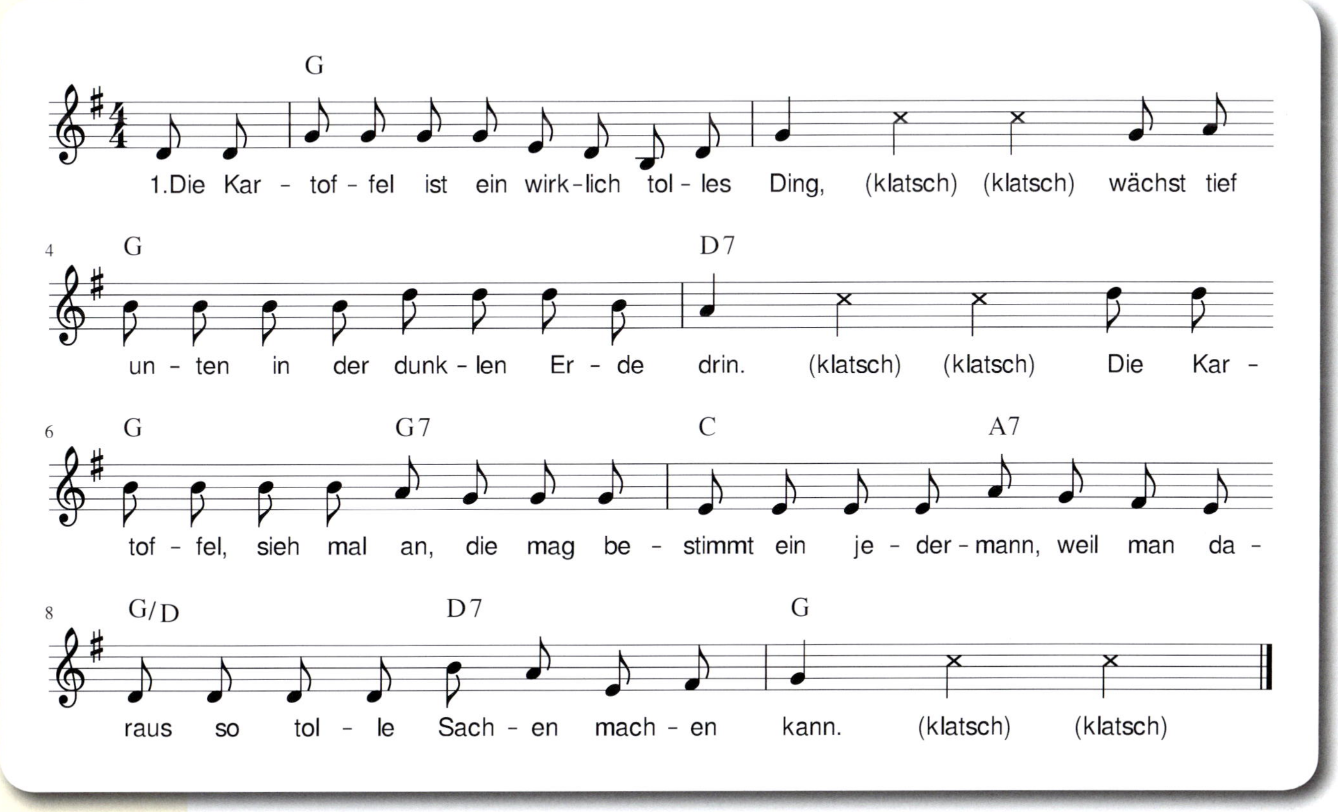

2. Die Kartoffel, die ist klein, hellbraun und rund.
Sie schmeckt lecker und sie ist auch noch gesund.
II: Die Kartoffel, sieh mal an, die mag bestimmt ein jedermann,
weil man daraus so tolle Sachen machen kann. :II

3. Man kann Suppe aus ihr kochen, das ist wahr
und Kartoffelbrei schmeckt auch ganz wunderbar.
II: Die Kartoffel, sieh mal an, die mag bestimmt ein jedermann,
weil man daraus so tolle Sachen machen kann. :II

4. Doch am liebsten mögen wir sie als Pommes frites.
So sind sie bei Jung und Alt der größte Hit.
II: Die Kartoffel, sieh mal an, die mag bestimmt ein jedermann,
weil man daraus so tolle Sachen machen kann. :II

Ofenkartoffeln

Die Kartoffel ist weltweit eines der bedeutendsten Lebensmittel und auch hier bei uns nicht mehr vom Speiseplan wegzudenken. Im Gegensatz zu ihrem hohen Kohlenhydratanteil, der aber lange satt macht, enthält sie kaum Fett und liefert wichtige Vitamine und Mineralstoffe.
Unternehmen Sie gemeinsam mit den Kindern einen Ausflug zum nahe gelegenen Wochenmarkt (alternativ zum Gemüsehändler). Hier gibt es bestimmt ein umfangreiches Angebot verschiedener Kartoffelsorten und gemeinsam mit den Kindern können Sie auswählen, welche sie gerne einkaufen möchten.
Ein besonderes Erlebnis wäre es, wenn die Kinder direkt bei einer Kartoffelernte zusehen und mithelfen könnten. So erfahren sie hautnah und unmittelbar, wo und wie Kartoffeln wachsen und könnten die selbst geernteten Knollen direkt weiterverarbeiten.

Zutaten

- 500 g Kartoffeln
- 1 TL Salz
- 1 TL frische Kräuter, z. B. Rosmarin alternativ: Kräutermischung
- 1 EL Öl (z. B. Bratöl)
- Kräuterquark

Außerdem:

- Backblech
- Backpapier
- Kartoffelschäler
- Messer
- Schneidebrettchen
- Schüssel
- Großer Löffel

So geht es

Bereiten Sie die Kartoffeln für die Kinder etwas vor, indem Sie diese schälen und halbieren. So gelingt es den Kleinen mit Ihrer Unterstützung schon recht gut, diese in kleinere Stücke zu schneiden. Geben Sie den Kindern bitte immer Hilfestellung beim Umgang mit dem Messer. Die Kartoffeln können, wenn sie gut gewaschen sind, auch mit Schale verwendet werden. Die geschnittenen Kartoffelstücke geben Sie in eine Schüssel und würzen sie nach Geschmack.
Geben Sie das Öl darüber und vermischen Sie alles gut miteinander.
Nun werden die Kartoffeln auf einem mit Backpapier ausgelegtem Backblech verteilt und bei 175 °C ca. 20–30 min. gegart.

Achtung: Die Gardauer richtet sich nach der Größe der Kartoffelstücke.

Zusammen mit einem Kräuterquark sind die Ofenkartoffeln eine leckere Sommermahlzeit.

Doktor Sonnenschein zu Besuch

Jeder war schon einmal krank, hat sich nicht gut gefühlt oder hatte Schmerzen. Das ist bei Kindern nicht anders als bei Erwachsenen. Gerade, wenn noch sehr kleine Kinder in die Einrichtung kommen, können sie schnell einen Infekt bekommen. Husten, Schnupfen oder Fieber sind vor allem in der kalten Jahreszeit keine Seltenheit. Sicher kennen Sie es, wenn Erkältungskrankheiten die Runde machen, es überall niest und hustet und Sie im Dauerstress Schnupfnasen sauber wischen. Aber auch Bauchschmerzen oder kleinere Verletzungen, die gekühlt oder mit einem Pflaster versorgt werden müssen, können vorkommen. Viele Kinder können jedoch noch nicht sprechen oder Ihnen mitteilen, wo es ihnen wehtut, und oft können sie es selbst nicht genau lokalisieren – sie fühlen sich einfach nicht gut oder sind weinerlich. Hierbei ist Einfühlungsvermögen gefordert. Manchmal jedoch ist ein Besuch beim Kinderarzt unumgänglich und um bei den Kleinen eventuelle Ängste und Unsicherheiten abzubauen, kann ein Projekt wie das folgende hilfreich sein. Die Kinder wissen oft nicht, was sie beim Besuch des Arztes erwartet. Manchmal müssen sie sich dort ausziehen, werden abgehört oder abgetastet oder ihr Mund- und Rachenraum wird untersucht. Wir haben uns für dieses Projekt entschieden, um den Beruf des Mediziners näher zu beleuchten und den Kindern die unterschiedlichen Untersuchungs- und Behandlungsmethoden aufzuzeigen. Auf diese Weise erfahren die Kleinen, dass sie sich vor dem Arzt nicht fürchten müssen, sondern diesen als Helfer ansehen können, der sie dabei unterstützt, schnell wieder gesund zu werden. Sie können Ihren Jüngsten auch ein Spiel-Set und Bücher zu diesem Thema für das Freispiel anbieten, welche inzwischen schon für Krippenkinder erhältlich sind. Und nun wünschen wir Ihnen viel Freude beim Kennenlernen von Dr. Sonnenschein und seinen kleinen und großen Tricks, um schnell wieder gesund zu werden.

Eine Geschichte erzählt vom Kranksein und möchte den Kindern die Angst vor einem Arztbesuch nehmen.

Die Kleinen gestalten einen Doktor und setzen sich auf diese Weise mit dessen Arbeitskleidung auseinander.

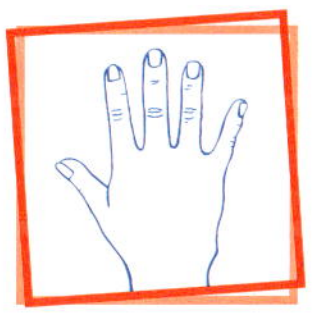

Ein Fingerspiel erzählt vom Kranksein und wieder Gesundwerden und fördert die Sprache und Koordination der Kinder.

Ihre Jüngsten helfen bei der Zubereitung verschiedener Kräutertees und erfahren etwas über deren Heilwirkung.

Ein Lied animiert zum Mitsingen und fördert die Musikalität der Kinder.

Dr. Sonnenschein untersucht eine Patientin.

Lina ist krank

Das brauchen Sie

- Lina, Mama (aus Papier oder Spielfiguren)
- Decke (Tuch)
- Bett (Puppenbett oder Karton mit Tuch auslegen)
- Taschentuch
- Doktor Sonnenschein (Spielfigur oder aus Papier)
- Taschenlampe
- Stethoskop (Kinderarztkoffer)
- Fieberthermometer (Kinderarztkoffer)
- Umschlag (Tuch)
- Tasse
- Geschichtenbuch

Anleitung siehe S. 5

Lina ist zwei Jahre alt und besucht die Mäusegruppe. Heute darf sie den Kindergarten aber nicht besuchen, denn sie ist krank. In der Nacht hat sie bereits Fieber bekommen und seit heute Morgen muss sie fürchterlich niesen und husten. „Hatschi!", hört man Lina, die bis zur Nasenspitze unter der warmen **Decke** im **Bett** liegt. Sofort kommt ihre **Mama** in das Zimmer und putzt ihrer Tochter die Schnupfnase mit einem weichen **Taschentuch**.
„Kindergarten gehen?", fragt Lina.
„Nein, heute kannst du leider nicht in den Kindergarten gehen. Du bist krank. Nachher haben wir einen Termin bei Doktor Sonnenschein", erklärt die Mutter. Eine Stunde später ist es so weit: Lina und ihre Mama sitzen im Wartezimmer von **Doktor Sonnenschein**. Etwas später ruft sie der freundliche Arzt in sein Sprechzimmer. Lina muss sogleich laut husten. „Da hat sich jemand aber ziemlich erkältet", sagt der Arzt, „aber keine Sorge, bald wird es dir besser gehen und du kannst wieder in den Kindergarten. Aber zuerst muss ich dich noch untersuchen." Lina schaut besorgt ihre Mutter an. „Keine Angst, Lina", spricht diese und streichelt ihrer Tochter über den Kopf. „Das tut überhaupt nicht weh."
„Kannst du denn deinen Mund einmal ganz weit aufmachen?", fragt Doktor Sonnenschein. Lina macht einen Löwenmund und der Arzt schaut ihr tief in den Hals hinein. Dann leuchtet er mit einer kleinen **Taschenlampe** in ihre Ohren. Das kitzelt und Lina muss fast ein bisschen lachen. „Jetzt werde ich dich noch abhören. Sieh her, mit diesem Gerät kann ich dich atmen hören. Es heißt **Stethoskop**", erklärt der Doktor. „Kannst du jetzt einmal ganz tief ein- und ausatmen?" Lina nickt und holt tief Luft. Zuletzt misst der Doktor noch die Temperatur mit einem **Fieberthermometer**, das er Lina an die Stirn hält. Als er mit der Untersuchung fertig ist, schaut er Lina an und sagt: „Du hast ein bisschen Fieber und Husten und dein Hals ist leicht entzündet. Das ist nicht schlimm und geht schnell wieder vorbei. Deine Mama wird dir einen Tee kochen und kalte Umschläge machen und schwups bist du wieder kerngesund", verspricht der Arzt. Als Lina und ihre Mutter wieder zu Hause sind, legt sich Lina gleich ins Bett und ihre Mama legt ihr einen kühlen **Umschlag** auf die Stirn. Kurze Zeit später bringt sie ihrer Tochter eine **Tasse** Tee, den Lina gerne trinkt. „Wenn du willst, lese ich dir noch eine Geschichte vor", sagt die Mama.
„Ja!", freut Lina sich. Den ganzen Tag im Bett zu verbringen, ist nämlich ganz schön langweilig. Lina freut sich, wenn sie wieder ganz gesund ist und endlich ihre Freunde in der Mäusegruppe wiedersieht. Und bis es so weit ist, hat Mama ja das dicke **Geschichtenbuch**, aus dem sie ihrer Tochter vorliest, bis diese, warm eingekuschelt, einschläft.

Doktor Sonnenschein

Material

- Tonkarton in Weiß, Schwarz, Rot, Grau, Hautfarbe
- bunte Märchenwolle
- bunter Chenilledraht
- Schere
- Locher
- Klebstoff

Durchführung

Für den Kopf:

Bereiten Sie ein hautfarbenes, 7 x 7 cm großes Quadrat für den Kopf vor, einen weißen, 1 cm breiten Streifen für die Augen, einen roten und einen hautfarbenen, 2 cm großen Kreis für Mund und Ohren und einen hautfarbenen, 2 cm breiten Streifen für den Hals. Die Kinder schneiden am Kopf alle vier Ecken ab. Vom weißen Streifen schneiden sie zwei Stücke als Augen ab und kleben schwarze Locherpunkte als Pupillen auf. Die beiden Kreise halbieren sie und verwenden einen roten Halbkreis als Mund, die hautfarbenen Halbkreise als Ohren. Vom hautfarbenen Streifen schneiden die Kleinen ein Stück ab und verwenden es als Hals. Die Einzelteile des Gesichtes setzen sie mit Klebstoff zusammen, etwas Märchenwolle befestigen sie als Haare.

Für den Körper:

Fertigen Sie ein weißes, 8 x 12 cm großes Rechteck für den Kittel an sowie einen weißen, 16 x 2 cm langen Streifen für die Arme und einen 3 x 18 cm langen Streifen für die Beine. Schneiden Sie zwei hautfarbene, 1,5 x 2,5 cm große Rechtecke als Hände zu, einen schwarzen, 3,5 cm großen Kreis für die Schuhe und einen schwarzen, 1 cm breiten Streifen für die Knöpfe. Die Kinder schneiden am Kittel auf einer schmalen Seite beide Ecken ab. Die weißen Streifen halbieren sie und verwenden die dünnen Stücke als Arme, die dicken als Beine. An den Händen schneiden sie auf jeweils einer schmalen Seite beide Ecken ab, den Kreis halbieren sie und verwenden die entstandenen Halbkreise als Schuhe. Vom schwarzen Streifen schneiden die Kleinen beliebig viele Stücke als Knöpfe ab. Die Einzelteile des Körpers setzen die Kinder mit Klebstoff zusammen und befestigen den Kopf am Körper.

Für das Stethoskop:

Fertigen Sie ein graues, 2 x 2 cm großes Quadrat an und legen Sie den Chenilledraht bereit. Die Kleinen schneiden am Quadrat alle vier Ecken ab und vom Draht ein etwa 15 cm langes Stück. Binden Sie den Chenilledraht um den Hals des Doktors, verdrehen Sie ihn und fixieren Sie das Papierstück am anderen Drahtende.

Wenn ich krank bin

Verse sprechen …	Finger spielen …
Wenn ich krank bin, geht's mir echt, gar nicht gut, sondern sehr schlecht.	*Trauriges Gesicht machen*
Ich muss niesen, hör mal hin. Mama sagt, dass ich krank bin.	*Niesen*
Wir geh'n zu Doktor Sonnenschein, der bittet uns zur Tür herein.	*Hände patschen auf Oberschenkel; einladende Handbewegung*
Dann fühlt er, ob ich Fieber hab und hört mich auch noch gründlich ab.	*Handfläche auf Stirn legen; Hand hinter das Ohr halten*
Der Doktor, der ist wirklich nett, doch sagt er, ich muss schnell ins Bett.	*Mit dem Zeigefinger nach vorne deuten*
Ich leg mich hin und trinke Tee, der schmeckt mir gut und tut nicht weh.	*Pantomimisch Tee trinken*
Und etwas später schlaf ich ein, werd bald gesund schon wieder sein.	*Kopf auf gefaltete Hände legen und Augen schließen*

Heiltee zubereiten

Wenn Kinder krank sind, hilft oft ein warmer Tee, die Beschwerden zu lindern. Verschiedene Kräuter und Heilpflanzen haben unterschiedliche Wirkungen und je nach Krankheitsbild bietet es sich an, diesen nach Anleitung zuzubereiten.
Gemeinsam mit Ihren Jüngsten können Sie verschiedene Heilteesorten zubereiten und anschließend verkosten. Wir haben uns für folgende Sorten entschieden:

- Kamillenblüten
- Himbeerblätter
- Lindenblüten

Natürlich können Sie auch andere Teesorten zubereiten, wie z. B.: Salbei, Pfefferminze etc. Zeigen Sie den Kindern zunächst die unterschiedlichen Kräuter. Benennen Sie diese mit Namen und lassen Sie die Kleinen an diesen riechen und sie vorsichtig berühren. Jede Sorte sieht anders aus, riecht anders und fühlt sich verschieden an. Während die Himbeerblätter weich, beinahe wie Watte sind, fühlen sich die Lindenblüten hart und glatt an. Mithilfe eines Löffels können die Kleinen die Kräuter in einen Glaskrug füllen. Das heiße Wasser darf ausschließlich von einem Erwachsenen hinzugegeben werden. Achten Sie immer auf ausreichend Sicherheitsabstand!

Sobald das Wasser mit den Kräutern in Berührung kommt, färbt sich dieses entsprechend der jeweils gewählten Sorte. Lassen Sie den Tee, wie in der Anleitung angegeben, ziehen und gießen Sie ihn anschließend durch ein feines Sieb. Den abgekühlten Tee können Ihre Jüngsten dann probieren und jeder darf selbst entscheiden, welche Sorte er oder sie probieren möchte.

Gut zu wissen

Kamillentee: Er wirkt antibakteriell und beruhigend. Kamillentee wird bei Husten, Erkältungen, Magen-Darm-Beschwerden etc. angewendet.

Himbeerblättertee: Dieser kann bei Durchfallerkrankungen oder Entzündungen im Mund- und Rachenraum Linderung schaffen.

Lindenblütentee: Er ist schleimlösend und reizlindernd und wird deshalb oft bei Erkältungen verwendet.

Bist du krank

Melodie: *traditionell, „Brüderchen, komm tanz mit mir"*
Text: *Eva Danner*

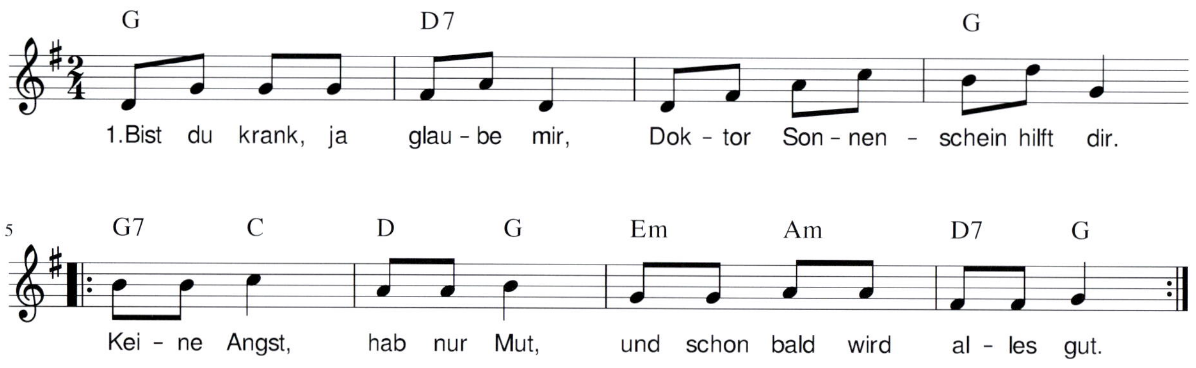

2. Tut der Kopf dir einmal weh
oder auch der große Zeh.
II: Keine Angst, hab nur Mut,
und schon bald wird alles gut. :II

3. Schmerzt der Hals oder der Bauch,
heilt der Doktor das ja auch.
II: Keine Angst, hab nur Mut,
und schon bald wird alles gut. :II

4. Hast du Husten, schmerzt das Bein,
hilft dir Doktor Sonnenschein.
II: Keine Angst, hab nur Mut,
und schon bald wird alles gut. :II

5. Schnupfen, Husten, glaube mir,
der Doktor, ja er hilft auch dir.
II: Keine Angst, hab nur Mut,
und schon bald wird alles gut. :II

Pinguine auf dem Eis

Draußen ist es kalt und weiß. Es ist Winter. Die Landschaft ist mit Eis und Schnee bedeckt und die Kinder wagen sich nur mit warmen Jacken, Mützen und Schal vor die Tür. Nicht so die Pinguine. Die flugunfähigen Vögel lieben die Kälte, denn sie frieren nicht. Eine dicke Fettschicht und unzählige Federn halten sie schön warm. Charakteristisch für diese Vögel sind die Flügel, welche sie ausschließlich zum Schwimmen und Tauchen benutzen. Anhand ihrer schwarz-weißen Färbung, des rundlichen Kopfes und des kleinen Schwanzes sind sie leicht zu erkennen. Kinder mögen diese Tiere, die so lustig aussehen, wenn sie etwas unbeholfen an Land umherwatscheln. Im Wasser jedoch sind sie ausgezeichnete Schwimmer und Taucher, weshalb sie auch die meiste Zeit ihres Lebens im Wasser verbringen. In freier Wildbahn findet man Pinguine ausschließlich auf der Südhalbkugel der Erde. In Tierparks jedoch können Kinder diese auch in unseren Regionen und zu jeder Jahreszeit betrachten. Die Kleinen staunen, wenn die Tierpfleger die Tiere mit Fischen füttern und diese blitzschnell im Wasser danach schnappen. In diesem Projekt beschäftigen wir uns mit dem Aussehen und den Besonderheiten dieser Tierart und die Kinder erfahren Wissenswertes über ihr Leben. Nicht nur schwarz-weiße, sondern viele verschiedene Umsetzungsmöglichkeiten rund um das Thema „Pinguine auf dem Eis" möchten wir Ihnen in diesem Kapitel vorstellen. Viel Spaß beim Nachmachen.

Eine Geschichte erzählt vom Leben der Pinguine und die Kinder begleiten den kleinen Poppi bei seinen Erkundungen.

In einem kreativen Angebot dürfen die Kleinen malen, schneiden und kleben und auf diese Weise einen lustigen Pinguin gestalten.

Ein Lied berichtet von den Eigenheiten der Pinguine und lädt zum Mitsingen und Sichbewegen ein.

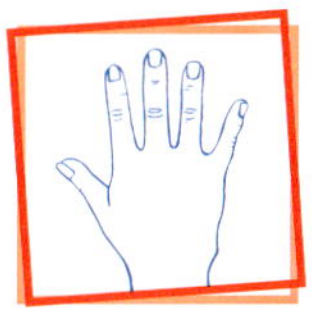

Ein fröhliches Fingerspiel animiert die Kinder zum Mitsprechen und fördert ihre Koordination.

Einfache Experimente zeigen die unterschiedlichen Aggregatzustände des Wassers und regen die Kleinen zum Ausprobieren an.

Grüß dich, kleiner Pinguin.

Poppis Geheimnis

Das brauchen Sie

- Poppi + Pinguine (Spielfiguren oder aus Papier)
- Eishügel (weißes Tuch über umgedrehte Schüssel legen)
- Eisschollen (aus Papier oder Tücher)
- Felsen (graues Tuch über einen Karton legen)
- Öffnung (mit Tüchern konstruieren)
- Licht (Taschenlampe)
- Meer (blaues Tuch)
- Fische (aus Papier oder aus Angelspiel)

Anleitung siehe S. 5

Poppi *lebt wie alle* ***Pinguine*** *dort, wo es immer kalt und alles mit Eis und Schnee bedeckt ist. Er hat einen runden Kopf, einen weißen Bauch und schwarze Flügel, mit denen er nicht fliegen kann. Pinguine brauchen ihre Flügel nämlich nur zum Schwimmen und Tauchen. Außerdem hat Poppi lustige Watschelfüße. Der einzige Unterschied ist, dass er viel kleiner ist als die anderen Pinguinkinder, weshalb sie ihn nie mitspielen lassen. Heute treffen sich alle am großen* ***Eishügel****, den sie auf dem Bauch herunterrutschen. Poppi ruft ihnen zu: „Darf ich mitspielen?" – „Nein! Die Eisrutsche ist nur für große Pinguine." Und so watschelt Poppi alleine davon. Am nächsten Tag haben sich alle zum Eisschollenhüpfen verabredet. Im flachen Wasser haben sich kleine Inseln aus Eis gebildet, das sind die Eisschollen. Die Pinguinkinder hüpfen von Scholle zu Scholle, ohne dabei ins Wasser zu fallen. Poppi fragt: „Darf ich mitspielen?" – „Nein! Auf* ***Eisschollen*** *hüpfen nur große Pinguine." Am nächsten Morgen sieht Poppi, wie die anderen sich unterhalb des großen* ***Felsens*** *treffen. „Wo wollt ihr hin?" – „Zur anderen Seite und Fische fangen", berichten sie. – „Darf ich mitkommen?" – „Aber sicher", antworten die Pinguine. – „Wirklich?", fragt Poppi. – „Klar. Komm mit", ermuntern sie ihn. Doch als er auf den ersten Felsvorsprung hüpfen will, rutscht er aus und fällt auf den Schnabel. „Haha", lachen die anderen. „Bist du etwa doch zu klein? Dann müssen wir wohl ohne dich gehen." Und dann lassen sie ihn einfach zurück. Da entdeckt er eine winzige Öffnung im Felsen, aus der ein helles Licht scheint. Poppi zwängt sich in die* ***Öffnung*** *und kriecht durch einen schmalen Tunnel auf das Licht zu. Nur weil er so klein ist, schafft er es, durch den Tunnel zu kriechen. Als er auf der anderen Seite ankommt, staunt er. Er hat das* ***Meer*** *erreicht. Viel schneller als all die anderen Pinguine, die gerade erst über den Felsen watscheln. Als sie Poppi sehen, können sie es kaum glauben. „Wie kommst du denn hierher?" – „Das ist mein Geheimnis", schmunzelt er. „Und jetzt fangen wir Fische", ruft er und springt ins kalte Wasser. Pinguine frieren nicht, denn sie haben ein dickes Federkleid, das sie vor der Kälte schützt. Die anderen springen hinterher und als sie Poppi im Wasser sehen, sind sie beeindruckt. Blitzschnell taucht er den* ***Fischen*** *hinterher und schnappt sich einen nach dem anderen. Er schwimmt durch die engsten Spalten und Öffnungen, während die anderen außen herumschwimmen müssen, weil sie zu groß sind. Als alle wieder an Land sind, sagen sie: „Poppi! Du bist der beste Taucher und schnellste Schwimmer von uns allen. Bitte verzeih uns, dass wir so gemein zu dir waren. Es tut uns sehr leid." – „Entschuldigung angenommen", lächelt Poppi, der endlich beweisen konnte, dass es nicht auf die Größe ankommt. Auch ein kleiner Pinguin kann etwas Großes vollbringen, das wissen jetzt alle. Wie er es jedoch schaffte, als Erster das Meer zu erreichen, wird wohl für immer sein Geheimnis bleiben.*

Pinguin Poppi

Material

- Butterbrottüten
- schwarze Fingerfarbe
- Pinsel
- weißer und schwarzer Tonkarton
- schwarzes Tonpapier
- Lampionblume (alternativ: orangener Tonkarton)
- Schere
- Klebstoff
- Locher
- Küchenpapier
- Steine o. Ä. zum Beschweren

So sieht ein fertiger Pinguin aus.

Durchführung

Für den Körper:

Die Kinder bemalen eine Seite der Butterbrottüte mit schwarzer Fingerfarbe und lassen sie trocknen. Anschließend wiederholen sie den Vorgang auf der anderen Seite.

Konzentriert wird die Butterbrottüte bemalt.

Für den Kopf:

Bereiten Sie aus dem schwarzen Tonkarton ein 8 x 8 cm großes Quadrat für den Kopf sowie einen weißen, 1,5 cm breiten Streifen für die Augen vor.
Die Kleinen schneiden am Kopf alle vier Ecken ab. Vom weißen Streifen schneiden sie zwei Stücke als Augen ab und kleben schwarze Locherpunkte als Pupillen auf. Die Augen befestigen sie auf dem Kopf sowie eine Lampionblume als Schnabel.

Für Bauch und Flügel:

Fertigen Sie für den Bauch ein weißes, 7 x 9 cm großes Rechteck an und für die Flügel einen schwarzen, 14 cm großen Tonpapierkreis.
Die Kinder schneiden am Bauch alle vier Ecken ab und fixieren ihn auf der Vorderseite der Butterbrottüte. Den Kreis halbieren sie und verwenden beide Hälften als Flügel.

Fertigstellung:

Diesen Arbeitsschritt müssen Sie übernehmen, da er für die Kleinen zu schwierig ist. Öffnen Sie zunächst die Butterbrottüte und legen Sie 2–3 Steine hinein. Knüllen Sie drei Küchenpapiere zu Bällen und füllen Sie damit die Tüte. Knicken Sie beide Ecken der oberen Seite nach hinten um und kleben Sie diese auf der Rückseite fest. Die Flügel befestigen Sie rechts und links am Körper und den Kopf am Bauch. Fertig ist ein fröhlicher Pinguin.

Tipp

Wenn Sie keine Lampionfrucht zur Hand haben, können Sie auch ein orangefarbenes, 2,5 x 2,5 cm großes Quadrat anfertigen, welches die Kinder diagonal durchschneiden, und eine Hälfte davon als Schnabel verwenden.

Der Pinguin

Noten: traditionell, „Dornröschen war ein schönes Kind"
Text: Beate Vogel

2. Zwei Flügel hat er an sich dran, an sich dran, an sich dran, mit denen er gut schwimmen kann, schwimmen kann.

3. Mit seinem Schnabel schnappt er sich, schnappt er sich, schnappt er sich, am liebsten einen großen Fisch, großen Fisch.

4. Und wird er müd, geht er nach Haus, er nach Haus, er nach Haus, ruht sich in seinem Bettchen aus, Bettchen aus.

5. So schläft er dann die ganze Nacht, ganze Nacht, ganze Nacht, bis er am Morgen froh erwacht, froh erwacht.

Gut zu wissen:
Das Lied können Sie gemeinsam mit den Kindern als Spiellied durchführen. Dazu gehen alle im Kreis herum und führen entsprechend der einzelnen Strophen passende Bewegungen aus.

Zehn kleine Pinguine

Verse sprechen …	Finger spielen …
Zehn kleine Pinguine, die sind schwarz und weiß, watscheln gern den ganzen Tag über Schnee und Eis.	*Finger beider Hände zeigen;* *die Arme an den Körperseiten nach unten strecken;* *die Hände nach außen stellen,* *mit dem Körper leicht hin und her wiegen*
Zehn kleine Pinguine tauchen hin und her, denn im Wasser tauchen, das lieben sie so sehr.	*Mit den Händen Wellenbewegungen* *nach rechts und links ausführen*
Zehn kleine Pinguine fangen gerne Fisch. Wenn sie ihn gefangen haben, essen sie ihn frisch.	*Pantomimisch nach Fischen schnappen*
Zehn kleine Pinguine spielen gern Versteck und eh du dich versehen hast, sind sie alle weg!	*Hände hinter dem Rücken verstecken*
Zehn kleine Pinguine rufen laut „Hurra!“, zehn kleine Pinguine sind nun wieder da!	*Arme nach oben ausstrecken;* *Finger beider Hände zeigen*

Vorsicht Rutschgefahr!

Endlich ist es so weit: Der Winter hat Einzug gehalten! Allmählich wird es immer kälter und anstatt Regen fallen dicke weiße Schneeflocken vom Himmel. Auf den Straßen, Wegen und Plätzen kann es ganz schön glatt und rutschig werden.

Juhu, es hat geschneit!

Gehen Sie diesem Wetterphänomen gemeinsam mit den Kindern auf die Spur.

Das brauchen Sie

- Verschiedene Gefäße
- Krug
- Wasser
- Gefrierfach
- Verschiedene Materialien zum Experimentieren (Steine, Wattekugeln, Watte, Holzbauklötze, Styropor etc.)

So geht es

Füllen Sie mit den Kindern Wasser in unterschiedliche Gefäße und stellen Sie diese an verschieden warme bzw. kalte Orte (z. B. ins Zimmer, nach draußen, ins Gefrierfach). Am nächsten Tag beobachten Sie gemeinsam mit den Kindern, wie sich das Wasser verändert hat (Aussehen, Temperatur). Die Kinder erfahren so, dass Wasser zu Eis gefriert, wenn es kalt genug ist.
Nun bietet es sich an, mit den Kleinen einfache Versuche durchzuführen. Dazu stellen Sie ihnen verschiedene Materialien zur Verfügung, mit denen sie nach Lust und Laune experimentieren können. Begleiten Sie die Versuche der Kinder verbal, um die Verhaltensweisen der verschiedenen Materialien sprachlich zu verdeutlichen, z. B.: „Schau mal, die Wattekugel kann über das Eis rutschen, die Watte aber nicht."

Oh, das macht aber Spaß!

So können die Kleinen viele neue Erkenntnisse gewinnen und der ein oder andere hat bestimmt auch Lust, auf dem nächsten Winterspaziergang einiges auszuprobieren.

Kunterbunte Faschingszeit

Helau! Alaaf! Narri, Narro! So, oder ähnlich klingen die traditionellen Rufe zur Faschingszeit. Offizielle Eröffnung der sogenannten 5. Jahreszeit ist der 11.11. um genau 11.11 Uhr. Je nach Region verwendet man unterschiedliche Bezeichnungen, wie Fastnacht, Karneval, Fasnet oder Fastelovend. Höhepunkte dieser Zeit sind der *Schmutzige Donnerstag*, auch als *Weiberfastnacht* bekannt, der *Rosenmontag* und natürlich der *Faschingsdienstag*, bis am *Aschermittwoch* die Fastenzeit beginnt und die Karnevalssaison endet. Fasching findet weltweit statt und wird überall anders gefeiert. Gleich sind die Freude und der Frohsinn, der überall im Mittelpunkt steht. Der Alltag ist während dieser Zeit etwas bunter und fröhlicher und Spaß und Schabernack stehen im Vordergrund. Kinder mögen diese bunten, fröhlichen Feste meist gerne. In den Städten und Gemeinden finden Umzüge und Karnevalssitzungen statt, man verkleidet sich und trägt Kostüme, Musik wird gespielt, Sketche lassen den Alltag vergessen, Tanzeinlagen verkürzen die Zeit und die Menschen lachen bei Büttenreden. Besonders das Werfen von Süßigkeiten bei den vielen Straßenumzügen lässt Kinderaugen strahlen. Auch in Ihrer Einrichtung können Sie die Faschingszeit besonders gestalten und die Räumlichkeiten farbenfroh dekorieren. Die Kinder können sich verkleiden und in andere Rollen schlüpfen und schon die Kleinsten sind fasziniert von dem bunten Treiben.
Um Ihre Jüngsten jedoch nicht zu überfordern, sollten Sie sensibel sein, was Dekoration und Programm an diesen Tagen anbelangt und sich an den Bedürfnissen der Kinder orientieren. Mit Konfetti, Luftballons und Luftschlangen können Sie meist nicht viel falsch machen und etwas fröhliche Musik gefällt schon den Kleinsten. Und nun wünschen wir Ihnen viel Spaß beim Feiern der tollen Tage …

In einer Geschichte können die Kinder eine Faschingsfeier hautnah miterleben und einen ersten Eindruck dieser kunterbunten Jahreszeit gewinnen.

Bei einem Kreativangebot dürfen die Kleinen farbenfrohe Blumen gestalten, die ganz sicher kein Wasser benötigen.

Die Kinder stellen kunterbuntes Wasser her. Auf diese Weise entsteht eine farbenfrohe Dekoration.

Bei einem Bewegungslied schulen die Kleinen ihre Musikalität.

Die Kinder helfen bei der Zubereitung eines kunterbunten Faschingskuchens mit.

Hurra! Hurra! Die Faschingszeit ist da!

Die große Faschingsfeier

Das brauchen Sie

- Jana, Leon (aus Papier oder Spielfiguren)
- Luftschlangen
- Luftballons
- Musik (CD-Player und Faschingsmusik)
- Erzieherin (aus Papier oder Spielfigur)
- Konfetti (oder Locherpunkte, Papierschnipsel)
- Frühstücksbuffet (Kinderkaufmannsladen)
- Schminke (Pinsel und Kinderschminke oder Wasserfarben)
- Schere
- Faschingsblume (siehe Anleitung S. 39)

Anleitung siehe S. 5

In der Kita steht die große Faschingsfeier vor der Tür. ***Jana*** *und ihr bester Freund* ***Leon*** *freuen sich seit Langem darauf. Endlich ist der große Tag gekommen. In der Kita „Villa Zauberwald" sieht es heute ganz anders als sonst aus. Überall hängen bunte* ***Luftschlangen*** *und* ***Ballons*** *und fröhliche* ***Musik*** *ist im Kindergarten zu hören. Jana hat sich als Honigbiene verkleidet, sie hat zwei Fühler auf dem Kopf und Flügel am Rücken. Leon ist ein Eisbär in einem weißen Anzug mit Kapuze und Ohren dran. Als die beiden zur Tür hereinkommen, begrüßt ihre* ***Erzieherin*** *Frau Meier sie mit einem fröhlichen „Helau!" und wirft eine Handvoll* ***Konfetti*** *in die Luft. Auch andere Kinder sind schon in der Kita. Manche haben sich als Indianer verkleidet, andere als Löwen, Tiger oder Clowns. Auch Frau Meier und die anderen Erzieherinnen sehen lustig aus. Sie sind bunt geschminkt, tragen Perücken oder haben farbenfrohe Kostüme an. Jana und Leon stärken sich erst einmal am großen* ***Frühstücksbuffet****. Da gibt es Brötchen, Käse, verschiedenes Obst, Saft und viele andere leckere Dinge. „Schmeckt gut", schmatzt Jana.*

„Lecker", schwärmt auch Leon. Als die zwei satt sind, begeben sie sich auf Entdeckungstour im Haus. In einem Zimmer findet gerade eine Zaubervorführung statt. Die zwei Freunde setzen sich auf eine Bank und staunen gemeinsam mit all den anderen Kindern über die tollen Tricks, die eine Erzieherin zeigt. Sie hat einen schwarzen Zauberumhang um und einen Hut auf dem Kopf. Nach der Vorstellung trinken Jana und Leon noch ein Glas Apfelsaftschorle, bevor sie sich ***schminken*** *lassen. Leon möchte ein weißes Gesicht und Jana bekommt einen Schmetterling aufgemalt. Stolz präsentieren sie sich Frau Meier. „Ihr seht toll aus!", lobt diese die beiden. Dann spazieren sie eine Etage höher in die Elefantengruppe, wo sie eine Blume aus buntem Konfetti basteln dürfen. Jana kann schon ganz alleine mit der* ***Schere*** *schneiden. Leon braucht noch etwas Unterstützung, aber am Ende tragen beide eine kunterbunte* ***Faschingsblume*** *in der Hand. Den ganzen Vormittag findet ein tolles Faschingsprogramm statt. Im Turnraum werden Bewegungsspiele angeboten, in einem anderen Zimmer ist Kinderdisco mit bunten Lichtern und fröhlicher Musik. Doch irgendwann geht auch der schönste Tag zu Ende. Jana und Leon werden von ihren Eltern abgeholt, obwohl sie eigentlich noch gar nicht nach Hause wollen. „Schade, dass die Feier schon vorbei ist", sagt Jana und Leon nickt. Doch im nächsten Augenblick muss er gähnen. „Uah", macht Leon.*

„Da ist wohl doch jemand müde", lacht Frau Meier. Und dann gehen eine müde Biene und ein erschöpfter Eisbär glücklich und zufrieden nach Hause.

Faschingsblume

Material

- bunte Papierschnipsel oder Konfetti
- Holzleim
- Pinsel
- stabiler Pappkarton
- Schere
- Luftschlangen
- grüne Trinkhalme
- Klebeband
- flaches Gefäß

So sieht eine fertige Faschingsblume aus.

Tipp:
Sie können das Konfetti auch in eine kleine Kiste mit Deckel füllen. Die Kinder legen dann die mit Holzleim bestrichene Blüte hinein, verschließen diese mit dem Deckel und schütteln sie hin und her, damit möglichst viele Papierstückchen am Leim haften bleiben.

Durchführung

Schneiden Sie aus dem Pappkarton eine Blütenform Ihrer Wahl zu. Die Kinder bestreichen diese mit Holzleim und legen sie anschließend in den flachen Behälter hinein.

Sorgfältig wird die Blüte mit Leim bestrichen.

Dann streuen sie die Papierschnipsel/das Konfetti darüber und schütteln anschließend die überschüssigen Papierstückchen ab.

Meine Blume wird kunterbunt.

Einen grünen Trinkhalm befestigen die Kinder als Stiel mit etwas Klebeband auf der Rückseite der Blüte. Von der Luftschlange schneiden sie zwei Stücke als Blätter ab. Diese wickeln Sie um den Trinkhalm und fixieren sie mit etwas Klebeband.
Fertig ist eine kunterbunte Blume, die sicher niemals verblüht. In einer hübschen Vase dekoriert, sind die Blumen ein toller Blickfang während der Faschingstage.

Viele Blumen stehen in der Vase.

Farbenzauber

Fasching ist bunt, farbenfroh und alles leuchtet und strahlt um die Wette. Was liegt da näher, als mit den Kindern ein tolles Experiment durchzuführen, mit dessen Ergebnis Sie Ihren Gruppenraum kunterbunt dekorieren können?

Wunderschöne Farben sind entstanden.

So führen Sie das Experiment durch:

Vorab reißen Sie mit den Kindern das Seidenpapier in kleine Stücke und legen jede Farbe in eine Schüssel hinein. Füllen Sie Wasser in eines Ihrer Gefäße und platzieren Sie die wasserfeste Tischdecke auf dem Boden. Berichten Sie Ihren Jüngsten, dass Sie jetzt gemeinsam Zauberwasser herstellen möchten, und los geht es. Zuerst dürfen die Kinder mithelfen, die Papierstücke in den Behälter zu füllen. Mit Ihrer Hilfe gießen die Kleinen Wasser hinzu und sofort beginnt sich dieses, wie durch Zauberhand zu färben, denn das Seidenpapier blutet aus, sobald es mit dem Wasser in Berührung kommt. Mithilfe des Löffels holen Sie die nassen Papierstücke heraus und legen diese auf den Teller. Gemeinsam mit Ihnen dürfen Ihre Jüngsten nun das farbige Wasser in eine der Flaschen füllen und Sie verschließen diese fest mit dem Deckel.
Benennen Sie die verschiedenen Farben mit Namen und lassen Sie jedes Kind seine Lieblingsfarbe zeigen.

Das brauchen Sie für das Experiment:

- buntes Seidenpapier (alternativ: Krepppapier)
- Schüsseln (oder andere Behälter)
- Flaschen mit Deckel (Schraubverschluss)
- wasserfeste Tischdecke
- durchsichtige Behälter
- Wasser
- Teller
- Löffel

Gut zu wissen:

Um Farben in verschiedenen Nuancen herzustellen, verwenden Sie einfach mehr oder weniger Papierstücke und variieren die Wassermenge. Die fertigen Zauberwasserflaschen können Sie auf einem Regal oder Ihrer Fensterbank dekorieren. Werden diese von der Sonne angestrahlt, funkelt der ganze Raum in kunterbunten Farben. Dieses Experiment ist ohne Frage nicht nur zur Faschingszeit der Hit! Probieren Sie es aus!

An Fasching ist bei uns was los

Melody: traditionell, „Die Affen rasen durch den Wald"
Text: Beate Vogel

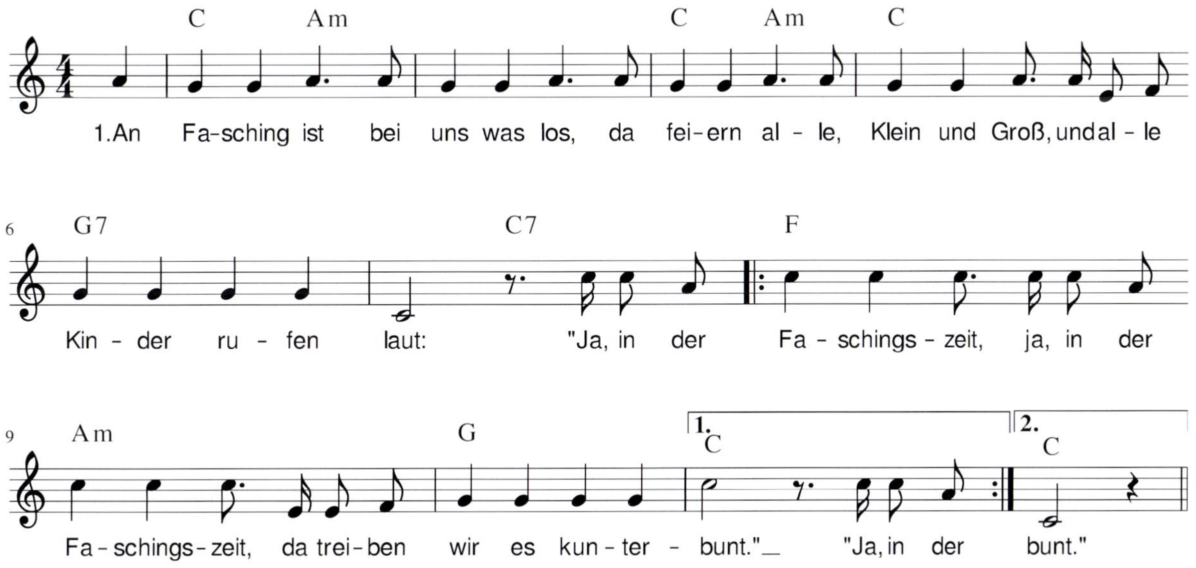

2. Dahinten hüpft ein bunter Clown,
er ist ganz lustig anzuschaun,
und alle Kinder rufen laut:
II: „Ja, in der Faschingszeit, ja,
in der Faschingszeit, da treiben
wir es kunterbunt." :II

3. Prinzessin, König, kann man sehn,
wie stolz sie durch die Reihen gehn,
und alle Kinder rufen laut:
II: „Ja, in der Faschingszeit, ja,
in der Faschingszeit, da treiben
wir es kunterbunt." :II

4. Ob Schmetterling, ob Käferlein,
ein jeder will verkleidet sein,
und alle Kinder rufen laut:
II: „Ja, in der Faschingszeit, ja,
in der Faschingszeit, da treiben
wir es kunterbunt." :II

5. Und viele Bären sieht man auch,
sie haben einen dicken Bauch,
und alle Kinder rufen laut:
II: „Ja, in der Faschingszeit, ja,
in der Faschingszeit, da treiben
wir es kunterbunt." :II

6. Mit Spiel und Tanz und viel Trara,
so feiern wir, das ist doch klar,
und alle Kinder rufen laut:
II: „Ja, in der Faschingszeit, ja,
in der Faschingszeit, da treiben
wir es kunterbunt." :II

7. Und ist es spät, gehn wir nach Haus,
die Faschingsfeier ist nun aus,
und alle Kinder rufen laut:
II: „Ja, in der Faschingszeit, ja,
in der Faschingszeit, da treiben
wir es kunterbunt." :II

Bunter Faschingskuchen

Für die Faschingsfeier in der Kita können Sie ganz einfach mit den Kindern einen lustigen bunten Kuchen zubereiten. Da wird gewogen, abgemessen, gerührt und verziert und jedes Kind darf entsprechend seiner Fähigkeiten mithelfen.

Zutaten

- 4 Eier
- 150 g Zucker
- 2 P. Vanillezucker
- 100 ml Öl
- 100 ml Orangensaft
- 250 g Mehl
- 1 P. Backpulver
- flüssige Lebensmittelfarbe in Rot, Gelb, Grün und Blau

Guss zum Bestreichen:

- 200 g Puderzucker
- 3 EL Orangensaft
- 1 EL frisch gepresster Zitronensaft

Zum Verzieren

- bunte Zuckerstreusel, -blättchen oder -sterne

Utensilien

- Handrührgerät
- Rührschüssel
- Backblech mit Backpapier
- Schaschlikspieß
- Zitronenpresse
- Schälchen
- Pinsel

So geht es

Heizen Sie den Backofen auf 180 °C (Umluft 160 °C) vor und wiegen bzw. messen Sie gemeinsam mit den Kindern die Zutaten ab.
Rühren Sie die Eier mit dem Zucker und Vanillezucker schaumig und geben Sie danach den Orangensaft und das Öl hinzu. Zuletzt fügen Sie das Mehl mit dem Backpulver hinzu und verrühren alles zügig zu einem glatten Teig.
Nun geben Sie den Teig auf das Backblech und lassen bunte Lebensmittelfarbe darauf tropfen. Mit einem Schaschlikspieß können Sie mit den Kindern die Farbpunkte spiralförmig verrühren.
Den Kuchen backen Sie ca. 20 Minuten im Backofen.
Nach dem Abkühlen verrühren Sie den Puderzucker mit dem Orangen- und Zitronensaft zu einem dickflüssigen Zuckerguss und die Kinder streichen ihn mit dem Pinsel vorsichtig auf den Kuchen. Zuletzt streuen alle die bunten Streusel darauf.
Fertig ist der selbst gebackene bunte Kuchen, der auf Ihrer Faschingsfeier nicht nur bei den Kleinen gut ankommt.

Auf der schönen Blumenwiese

Eine bunte Blumenwiese sieht nicht nur wunderschön aus, sondern ist auch ein eigener, kleiner Lebensraum mit unzähligen Pflanzen und Tieren. Viele Insekten sind dort auf Nektarsuche, wie z. B. Bienen, Hummeln und Schmetterlinge. Aber auch Käfer, Grashüpfer, Spinnen und andere Tiere haben dort ein Zuhause gefunden. Viele krautige Pflanzen sind dort zu sehen, die in den unterschiedlichsten Farben und Formen blühen. Ob Löwenzahn, Ringelblume, Gänseblümchen oder Kornblume, die Farben und Wuchshöhen der Pflanzen ändern sich stetig und im Laufe der Jahreszeiten sieht die Blumenwiese immer anders aus. Auch duftet es dort herrlich. Manche Pflanzen sind sogar Heilkräuter oder man kann sie zu Tee verarbeiten, so z. B. Malve, Eisenkraut oder Salbei. Vor allem der Löwenzahn ist mit den Kindern spannend zu betrachten, denn er ist mit seinen großen gelben Blüten nicht zu übersehen. Wenn sich die haarigen Flugschirmchen gebildet haben, kann man diese einfach wegpusten und durch die Luft tanzen lassen. Daher auch der Name „Pusteblume". Aus den leuchtenden Blüten lassen sich Sirup oder Gelee herstellen und früher wurde aus den getrockneten Wurzeln sogar eine Art Kaffeeersatz zubereitet. Nutzen Sie die Gelegenheit, um mit Ihren Jüngsten einen Ausflug zu einer nahe gelegenen Blumenwiese zu unternehmen, und entdecken Sie gemeinsam und mit allen Sinnen diesen einzigartigen Lebensraum.

In einer Geschichte lernen die Kinder Ida und Lilly kennen und erfahren, was man mit Wiesenblumen alles machen kann.

Die Kinder drucken mit einer Spülbürste eine Löwenzahnblume und verbessern dabei ihre Auge-Hand-Koordination. **Achtung:** Die Löwenzahnblätter müssen Sie vor dem Angebot – am besten mit den Kindern – gesammelt haben. Sie müssen vorab gepresst, getrocknet, laminiert und ausgeschnitten werden.

Die Kleinen pflanzen eine eigene kleine Wiese im Mini-Format an und erfahren Wissenswertes über das Wachstum verschiedener Pflanzenarten.

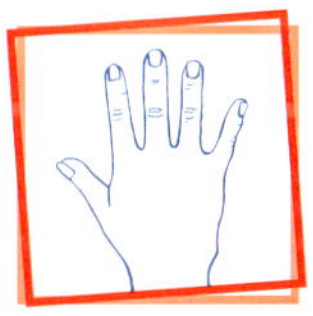

Ein Fingerspiel berichtet von bunten Wiesenblumen, animiert die Kinder zum Mitsprechen und fördert ihre Koordination.

Die Kleinen helfen bei der Zubereitung eines leckeren Sirups mit und erfahren etwas über dessen Herstellung – vom Sammeln der Blüten bis zum fertigen Produkt.

Ganz fest pusten

Die Wiesenprinzessinnen

Das brauchen Sie

- Ida, Lilly, Oma (Spielfiguren oder aus Papier)
- Blumenwiese (grünes Tuch)
- Blumen (aus Papier oder echte)
- Kränze (Papier- oder Blumenkränze)
- Biene (Spielfigur oder aus Papier)
- Löwenzahnblüten (echte oder aus Papier)
- Korb
- Topf und Deckel
- Zucker, Zitrone, Brotscheiben (Kinderkaufmannsladen)
- leere Marmeladengläser
- Teller (Kinderküche)

Anleitung siehe S. 5

Ida und **Lilly** sind auf der bunten **Blumenwiese** unterwegs. Aus vielen Blumen binden sie sich hübsche **Kränze** und ziehen sie wie eine Krone auf. „Ich bin eine Prinzessin", lacht Ida und tanzt über die Wiese. – „Und ich kann fliegen wie ein Schmetterling", lacht Lilly. Dann breitet sie ihre Arme aus und fliegt ihrer Freundin lachend hinterher. Nach einer Weile legen sich die beiden ins Gras und betrachten eine Biene, die auf einer Blüte sitzt. „Was macht die Biene?", fragt Lilly. – „Mama sagt, sie macht Honig aus den Blüten", antwortet Ida. – „Und wie macht die das?", will Lilly wissen. – „Keine Ahnung", erwidert Ida. – „Ich würde auch gerne Honig machen können. Der schmeckt nämlich lecker", lacht Lilly. – „Aber du bist keine Biene", kichert Ida. Da steht plötzlich Idas **Oma** neben den beiden. „Ich habe gehört, dass ihr beiden gerne Honig nascht", sagt sie. – „Ja, er schmeckt süß und lecker", bestätigt Lilly. – „Ich weiß, wie wir etwas zubereiten können, das wie Honig schmeckt. Aber dazu brauchen wir keine Bienen. Das können wir ganz alleine. Habt ihr Lust, mir dabei zu helfen?" – „Jaaaa!", rufen die zwei und können es kaum erwarten. – „Zuerst sammeln wir ganz viele **Löwenzahnblüten**", berichtet Idas Oma. „Das sind die Blumen mit den gelben Blüten. Wenn unser **Korb** voll ist, erkläre ich euch, wie es weitergeht." Und so machen sie es. Ida und Lilly sammeln so viele Blüten, bis der Korb bis oben hin gefüllt ist. Dann gehen die drei zu Omas Haus und setzen sich an den Küchentisch. „Wir müssen jetzt alle Blüten einzeln abzupfen und in diesen **Topf** legen", erklärt Oma und zeigt den beiden, wie es geht. Ida und Lilly helfen fleißig mit und bald sind ihre Finger ganz gelb geworden. Als alle Blüten im Topf sind, gießt Idas Oma Wasser hinzu und macht den **Deckel** zu. „Und jetzt?", will Lilly wissen. – „Jetzt müssen wir bis morgen warten." – „Oh", rufen die zwei enttäuscht. – „Es dauert eben ein bisschen, bis aus den vielen Blüten süßer Löwenzahnsirup geworden ist. Wenn ihr wollt, kommt morgen wieder, dann kochen wir aus den Blüten den Sirup."
Gleich am anderen Tag stehen die zwei Freundinnen wieder vor Omas Tür. „Ich habe die Blüten gestern noch gekocht", erzählt diese. „Jetzt müssen wir sie durch ein Sieb streichen, damit nur noch der gelbe Saft übrig bleibt." Weil das für Lilly und Ida noch etwas schwierig ist, übernimmt Oma diese Aufgabe. Dann dürfen Lilly und Ida **Zucker** dazugeben und etwas **Zitronensaft**, ehe alles noch einmal gekocht wird. Oma füllt den Sirup in Gläser und ein bisschen gibt sie auf einen **Teller**, damit es schneller abkühlt. Kurze Zeit später kommt sie aus der Küche und hat drei **Brotscheiben** mit etwas bestrichen, das wie Honig aussieht. „Wollt ihr den selbst gemachten Löwenzahnsirup probieren?" – „Ja!", rufen die zwei sogleich und jeder nimmt sich eine Brotscheibe vom Teller und beißt hinein. „Hmmmm", schmatzen sie. „Lecker", mampft Ida. – „Köstlich!", ruft Lilly. – „Das hätten die Bienen nicht besser hingekriegt", lacht ihre Oma und dann lassen sich die drei die süße Köstlichkeit schmecken.

Gelber Löwenzahn

Aus gesammelten Löwenzahnblättern lässt sich ein wunderschönes Bild bzw. eine tolle Faltkarte zum Verschenken herstellen.

Material

- blauer Tonkarton (DIN A4)
- gelbe Fingerfarbe
- grüne Trinkhalme
- Spülbürste
- gepresste Löwenzahnblätter
- Laminiergerät und Folien
- Schere
- Materialschale
- Klebstoff

Zuerst wird die Blüte gedruckt.

Gut zu wissen:

Wenn Sie eine Faltkarte herstellen möchten, knicken Sie den Tonkartonbogen vor dem Bedrucken mittig zusammen.

Durchführung

Für die Blätter:
Pressen und laminieren Sie die gesammelten Löwenzahnblätter und schneiden Sie diese anschließend aus.

Für die Blüte:
Füllen Sie die gelbe Fingerfarbe in die Materialschale hinein und lassen Sie die Kinder die Spülbürste in die Farbe tauchen. Anschließend drucken sie diese auf den blauen Papierbogen auf und lassen die Farbe trocknen.

Dann wird der Stiel befestigt.

Für den Stiel:
Die Kinder schneiden den Trinkhalm auf die gewünschte Länge zu und befestigen ihn mit Klebstoff unterhalb der gedruckten Blüte.

Fertigstellung:
Zuletzt befestigen die Kleinen 2–3 laminierte Löwenzahnblätter auf dem Papierbogen und fertig ist eine leuchtend gelbe Löwenzahnpflanze.

Zuletzt werden die gepressten Blätter angeklebt.

Wiese für den Gruppenraum

Wie wäre es, eine kleine Wiese in Ihrem Gruppenraum zu haben? Mit allerlei Wiesenblumen? Alles, was Sie dafür benötigen, ist ein ausreichend großer Blumentopf, Erde und natürlich Wiesenblumensamen.
Im Morgenkreis können Sie Ihren Jüngsten die Blumensamen zeigen. Jeder darf sie genau betrachten und befühlen.
Berichten Sie den Kindern, dass sie alle nun gemeinsam Wiesenblumen einsäen möchten, damit eine kleine Wiese im Zimmer wachsen kann.
Zuerst können die Kinder mithelfen, Blumenerde in einen Eimer zu schaufeln, mit welcher später der Blumentopf gefüllt wird. Als Nächstes füllen die Kleinen mithilfe der Schaufel den Blumentopf mit Erde. Dann werden die winzigen Samen hineingestreut. Damit die Samen keimen, benötigen sie natürlich Wasser. Mit einer Gießkanne dürfen die Kinder die frisch gesäten Blumen gießen.
Nun heißt es erst einmal warten und täglich nach dem Blumentopf sehen. Sprechen Sie mit den Kleinen darüber, ob schon Veränderungen zu sehen sind und regen Sie diese zum genauen Hinschauen an. Vergessen Sie nicht, die Blumensamen immer wieder zu gießen. Schon bald können die Kinder beobachten, wie kleine grüne Halme aus der Erde wachsen, die rasch größer werden. Unterschiedliche Blattformen und Größen sind erkennbar und nicht jede Pflanze hat dasselbe Grün.

Betrachten Sie im Morgenkreis immer wieder gemeinsam den Blumentopf und regen Sie Ihre Jüngsten zum Sprechen an.

Sind schon Blumen gewachsen?
Welche Farben haben sie?
Sind sie groß oder klein?

Lassen Sie die Kinder die Pflänzchen auch vorsichtig berühren und weisen Sie diese auf einen behutsamen Umgang hin, damit die empfindlichen Stiele nicht knicken oder abbrechen.

Irgendwann blühen dann die ersten Wiesenblumen in Ihrem Topf, welche die Kinder weiterhin gießen dürfen. So haben Sie gemeinsam eine eigene, kleine Wiese mit verschiedensten Blumen herangezogen, bei deren Wachstum die Kinder hautnah dabei waren und die Veränderungen Stück für Stück beobachten konnten. Eine spannende Naturerfahrung, die sicher auch Ihren Jüngsten viel Freude macht.

Auf der bunten Blumenwiese

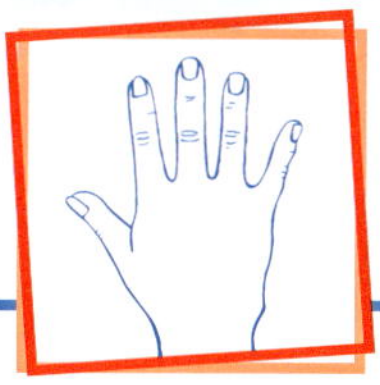

Verse sprechen ...	Finger spielen ...
Auf der großen Wiese blühn, viele Blumen wunderschön.	*Mit einer Hand einen großen Halbkreis vor dem Körper imitieren*
Orange und gelb, rot und blau, komm doch einfach mit und schau!	*Mit den Fingern zählen; mit einer Hand die Augen beschatten*
Wenn morgens früh die Sonne lacht, dann werden alle Blumen wach.	*Beide Hände mit gespreizten Fingern nach oben strecken; mit den Händen eine sich langsam öffnende Blüte formen*
Orange und gelb, rot und blau, komm doch einfach mit und schau!	*Mit den Fingern zählen; mit einer Hand die Augen beschatten*
Die Kleine sich im Gras versteckt, die Große sich zum Himmel reckt.	*Sich etwas ducken, das Gesicht in den Händen verstecken; sich aufrichten, die Arme nach oben strecken*
Orange und gelb, rot und blau, komm doch einfach mit und schau!	*Mit den Fingern zählen; mit einer Hand die Augen beschatten*
Und bläst der Wind mal etwas mehr, dann wiegen sie sich hin und her.	*Pusten, alle Finger spreizen; die Hände hin- und herbewegen*
Orange und gelb, rot und blau, komm doch einfach mit und schau!	*Mit den Fingern zählen; mit einer Hand die Augen beschatten*
Doch abends, wenn sie müde sind, dann ruhen sie sich aus geschwind.	*Gähnen; mit den Händen eine sich langsam schließende Blüte formen*
Orange und gelb, rot und blau, komm doch einfach mit und schau!	*Mit den Fingern zählen; mit einer Hand die Augen beschatten*

Löwenzahnsirup

Die wunderbar gelben Löwenzahnblumen sind nicht nur schön anzusehen, sie eignen sich auch für manch leckeren kulinarischen Genuss. So haben schon kleine Kinder viel Freude daran, einen Ausflug auf eine nahe gelegene Wiese zu unternehmen und beim Pflücken und Sammeln der gelben Blumen zu helfen, aus denen in der Kita ein leckerer Löwenzahnsirup zubereitet wird.

Im Vorfeld zu beachten

Planen Sie ausreichend Zeit ein, die Herstellung des Sirups benötigt zwei Tage. Am besten pflücken Sie die Blumen um die Mittagszeit. Bitte keine Blumen vom Straßen- oder Feldrand pflücken oder von einer Stelle, wo Hunde unterwegs sind. Beim Umgang mit den Blüten können sich die Finger gelb verfärben.

Zutaten:

- 6 Hände frische Löwenzahnblüten (nicht vom Straßenrand)
- 1 Bio-Zitrone
- 1 l Wasser
- 1 kg Rohrzucker

Zum Verfeinern:

- je nach Geschmack etwas Zimt oder Vanillemark

Außerdem:

- Topf
- Zitronenpresse
- Reibe (für die Zitronenschale)
- Messer
- feines Sieb oder sauberes Baumwolltuch
- Kochlöffel
- kleine Gläser mit Schraubdeckel

So geht es

Entfernen Sie (mit einem Messer oder abzupfen) von den Löwenzahnblüten den unteren grünen Teil, sodass nur noch die gelben Blütenköpfchen übrig bleiben.
Diese geben Sie zusammen mit etwas abgeriebener Zitronenschale sowie dem ausgepressten Zitronensaft in einen Topf und gießen das Wasser darüber.
Das Ganze kochen Sie für einige Minuten auf und lassen es für mindestens zwei Stunden, am besten aber über Nacht, ziehen.
Am nächsten Morgen streichen Sie die Masse durch ein Sieb oder drücken sie durch ein sauberes Tuch.
Den Löwenzahnsaft mischen Sie mit dem Rohrzucker, Zimt oder Vanillemark und lassen ihn für ca. 2–2,5 Std. leicht köchelnd einkochen.
Wenn die gewünschte Konsistenz erreicht ist, füllen Sie den Sirup in sterilisierte Gläser ab. Kühl gelagert hält er sich so für mehrere Monate.

Gut zu wissen:
Der Sirup schmeckt gut auf Brot oder im Müsli. Im Sommer kann er auch als Erfrischungsgetränk mit Wasser und einem Spritzer Zitrone vermischt getrunken werden.

Von Schafen und Lämmern

Schafe, die noch kein Jahr alt sind, nennt man Lämmer. Diese friedlichen, zur Familie der Hornträger gehörenden Säugetiere sehen nicht nur niedlich aus, sondern ihr charakteristisches Blöken kennen bereits die Kleinsten. Schafe sind Herdentiere und die Mutter schleckt ihre Jungen gleich nach der Geburt ab, um die Lämmer auf ihren Geruch zu prägen. Die Jungtiere können unmittelbar nach der Geburt auf eigenen Beinen stehen, wenn auch zunächst noch etwas wackelig. Sie trinken sofort am Euter der Mutter, wodurch sie nicht nur mit Nahrung, sondern auch mit wichtigen Abwehrstoffen versorgt werden, um gesund zu bleiben. Schafe haben ein dichtes Fell, das einmal im Jahr geschoren und zu Wolle verarbeitet wird. Es gibt sie in verschiedenen Farben wie Weiß, Braun, Schwarz oder Gemustert. Die Wolle fühlt sich zunächst fettig an, was daran liegt, dass die Tiere ein körpereigenes Fett produzieren, das die Wolle vor Nässe schützt. Weltweit gibt es etwa 500 verschiedene Rassen und die Nahrung besteht überwiegend aus Kräutern und Gräsern, die die Tiere als Wiederkäuer tagsüber fressen. Nachts schlafen Schafe dicht an dicht gedrängt, um sich vor Kälte und Gefahren zu schützen. Krippenkinder ahmen gerne Tiergeräusche nach und die meisten wissen, dass ein „Mäh" der Ruf von Schafen ist. Dieses Projekt beschäftigt sich sowohl mit dem Schaf als solches als auch mit dem Aspekt der Wertschätzung und Toleranz und dass jeder wichtig ist, egal ob klein oder groß. Denn auch das kleinste Lamm hat seinen Platz in dieser Welt. Viel Spaß mit kleinen und großen Lämmern, kuscheliger Wolle und einem gestärkten Gemeinschaftsgefühl.

Eine Geschichte berichtet vom verlorenen Schaf und zeigt, dass jeder wichtig und einzigartig ist.

Die Kleinen dürfen aus Papier und einem Tassenuntersetzer ein Schaf gestalten und schulen dabei ihre Feinmotorik.

Ein fröhliches Fingerspiel berichtet von Familie Schaf und fördert die Sprachentwicklung der Kinder.

Bei einer Massagegeschichte können die Kleinen wunderbar entspannen und zur Ruhe kommen.

Die Kinder helfen bei der Zubereitung leckerer Streuselschafe mit und fördern dabei ihre Feinmotorik.

Mäh, blökt das Schaf fröhlich von der Weide.

Das verlorene Schaf

Das brauchen Sie

- Berge (graue Tücher über Kartons legen)
- Schafe und Lamm (Spielfiguren oder aus Papier)
- Baltasar (Spielfigur oder aus Papier)
- Weide (grünes Tuch)
- Felsen (braunes Tuch über Karton legen)
- Büsche (grünes Tuch über Karton legen)
- Bäume (aus Papier)
- Mond und Sterne (aus Papier)
- Dornenhecke (grüner Chenilledraht)

Anleitung siehe S. 5

*In den **Bergen** lebt ein Hirte zusammen mit seinen **Schafen**. Sein Name ist **Baltasar**. Baltasar kümmert sich gut um alle seine Tiere. Jedes einzelne versorgt er täglich mit Futter und frischem Wasser. Er streichelt ihnen über das weiche Fell und hat immer ein gutes Wort für sie. Baltasar ist ein guter Hirte und er passt auf jedes Schaf auf. Auf die kleinen und großen, auf die alten und jungen. Jeden Morgen bringt er die Tiere auf die **Weide**, wo saftiges grünes Gras wächst. Der Weg dorthin führt über einen steinigen Pfad und durch tiefe Schluchten. Die Schafe fürchten sich vor dem Weg, denn sie können sich verletzen oder in die Tiefe stürzen. Aber sie wissen, dass Baltasar gut auf sie achtgibt und dafür sorgt, dass ihnen nichts passiert. Jeden Abend zählt der Hirte seine Tiere, damit auch alle sicher nach Hause zurückkehren. Als er die Schafe an diesem Abend zählt, fehlt eines. „Ein Schaf ist verschwunden!", ruft er erschrocken. „Hoffentlich ist ihm nichts passiert." Dann macht er sich auf die Suche. Die anderen Schafe bleiben alleine zurück. Die ganze Nacht sucht Baltasar nach dem Schaf. Er schaut bei **Felsen**, hinter **Büschen** und zwischen **Bäumen** nach, doch er findet es nicht. Der **Mond** steht längst am dunklen Himmel und viele **Sterne** leuchten ihm den Weg. Doch das Schaf bleibt verschwunden. Niedergeschlagen setzt Baltasar sich auf den Boden. „Wo bist du nur?", fragt er sich laut selbst, als er ein leises „Mäh, mäh" von irgendwo hört. Sofort läuft der Hirte los und sucht weiter. Dann findet er ein kleines **Lamm**, das sich mit seinem Fell in einer **Dornenhecke** verfangen hat. „Da bist du ja!", ruft Baltasar glücklich und befreit das Tier. Er nimmt es auf den Arm und streichelt ihm über das Köpfchen und das Lamm blökt vor Freude. Gemeinsam mit dem kleinen Lämmlein macht der Hirte sich auf den Rückweg. Die anderen Schafe warten schon auf die beiden und alle blöken ihnen vor Freude zu: „Mäh! Mäh! Mäh!" Endlich sind alle Schafe wieder beisammen und das macht Baltasar sehr glücklich. Denn jedes einzelne Tier seiner Herde ist wichtig, egal wie klein es auch ist. Jeder hat seinen Platz gefunden und Baltasar sorgt sich um jedes von ihnen und lässt keines im Stich.*

angelehnt an Lukas 15, 1–7

Kleines Schaf

Material

- 1 Tassenuntersetzer aus Papier (Durchmesser etwa 9 cm)
- weißer und brauner Tonkarton
- Schere
- Locher
- Klebstoff
- grüner DIN-A4-Tonkartonbogen zum Aufkleben

Die weißen Augen werden gelocht.

Durchführung

Fertigen Sie für den Kopf ein weißes, 5 x 3 cm großes Rechteck an, für die Ohren zwei 2 x 3,5 cm große Rechtecke, für die Beine einen 0,5 x 18 cm breiten Streifen und für die Augen einen braunen, 1 cm breiten Streifen. Für den Bauch legen Sie den Untersetzer bereit. Die Kinder schneiden am Kopf alle vier Ecken ab.

Konzentriert werden die Einzelteile des Schafs geschnitten.

An den Ohren schneiden sie jeweils auf einer schmalen Seite beide Ecken ab und den weißen Streifen schneiden sie in vier Teile. Vom braunen Streifen schneiden die Kleinen zwei Stücke als Augen ab und befestigen weiße Locherpunkte als Pupillen.

Die Einzelteile des Gesichtes setzen sie mit Klebstoff zusammen und fixieren es am Bauch. Die Beine befestigen die Kinder von hinten und kleben das fertige Lamm auf den grünen Papierbogen auf. Und schon spaziert ein kleines Lämmchen fröhlich über die Wiese.

Sorgfältig werden die Einzelteile zusammengeklebt.

Tipp:
Wenn Sie einen größeren grünen Papierbogen verwenden, können Ihre Jüngsten mehrere Schafe gestalten und dort aufkleben.

So sehen die fertigen Schafe aus.

Fünf Schafe

Verse sprechen …	Finger spielen …
Das ist Papa Schaf.	*Daumen zeigen;*
Steht auf der Wiese, frisst gern Gras.	
Macht niemals Quatsch, ist immer brav.	*mit dem Kopf schütteln; mit dem Kopf nicken*
Das ist Mama Schaf.	*Zeigefinger zeigen;*
Steht auf der Wiese, frisst gern Gras.	
Macht niemals Quatsch, ist immer brav.	*mit dem Kopf schütteln; mit dem Kopf nicken*
Das ist Bruder Schaf.	*Mittelfinger zeigen;*
Steht auf der Wiese, frisst gern Gras.	
Macht niemals Quatsch, ist immer brav.	*mit dem Kopf schütteln; mit dem Kopf nicken*
Das ist Schwester Schaf.	*Ringfinger zeigen;*
Steht auf der Wiese, frisst gern Gras.	
Macht niemals Quatsch, ist immer brav.	*mit dem Kopf schütteln; mit dem Kopf nicken*
Das ist Baby Schaf.	*Kleinen Finger zeigen;*
Baby Schaf ist nicht immer brav.	*Kopf schütteln;*
Hüpft auf der Wiese, spielt Versteck.	
Springt übern Zaun, ist plötzlich weg.	*Hände verschwinden hinter dem Rücken*
„Mäh“, ruft der Papa	*Daumen der rechten Hand zeigen;*
und „Mäh“, ruft die Mama.	*Zeigefinger der rechten Hand zeigen*
Wo ist das Schäfchen?	
Es ist nicht mehr da!	
Schwups hüpft das Schäfchen zur Wiese zurück	*Kleinen Finger der linken Hand zeigen*
zu Mama und Papa, was für ein Glück.	

Das Lämmchen auf der Wiese

So geht es

Das Kind liegt möglichst wenig bekleidet (z. B. im Body) auf einem Lammfell oder einer anderen weichen, kuscheligen Unterlage. Begleiten Sie die einzelnen Sprechverse, indem Sie vorsichtig mit der Hand oder einem kleinen Fellstück über die genannten Körperteile des Kindes streichen bzw. diese behutsam berühren. Variieren Sie dabei auch immer wieder Ihre Stimme, z. B. können Sie gegen Ende der Massagegeschichte langsamer und immer leiser sprechen.

Auf der grünen Wiese, da steht ein großes Schaf.
Daneben liegt sein Lämmchen, es ist ganz klein
und brav.
Mit der Hand über den ganzen Körper streicheln

Sein Fell, das ist aus Wolle, ganz warm und kuschlig
weich.
Es schützt das Schaf vor Kälte, das weiß
ein jeder gleich.
Über den Rücken/Bauch streichen

Es hat auch noch zwei Ohren,
'ne Nase und 'nen Mund.
Und seine beiden Augen,
die sind ganz kugelrund.
Vorsichtig die entsprechenden
Gesichtsteile berühren

Mit seinen kleinen Beinchen springt fröhlich es umher.
Denn auf der Wiese springen, das mag es wirklich sehr.
Mit der Hand über die Arme und Beine streicheln

Doch bald schon wird es müde, es möchte seine Ruh.
Und springt zurück zur Mama, macht seine Augen zu.
Von den Beinen über den Rücken/Bauch zurück bis
zu den Augen streichen

Auf der grünen Wiese, da steht ein großes Schaf.
Daneben liegt sein Lämmchen und schläft ganz lieb
und brav.
Mit der Hand über den ganzen Körper streicheln

Wie kuschelig weich sich das Fell anfühlt.

Streuselschafe

Für dieses Backangebot bereiten Sie am besten schon im Vorfeld die Streusel zu und stellen diese bis zum Gebrauch kalt. So bleibt für die Kinder genügend Zeit zum Herstellen des Quark-Öl-Teiges und zum Formen der Schäfchen.

Zutaten für den Quark-Öl-Teig:

- 150 g Quark
- 6 EL geschmacksneutrales Öl (z. B. Sonnenblumenöl)
- 1 Ei
- 75 g Zucker
- 1 P. Vanillezucker
- 1 Prise Salz
- 300 g Mehl
- 1 P. Backpulver
- 2 EL Milch (nach Bedarf)

Zutaten für die Streusel:

- 140 g Mehl
- 100 g Zucker
- 100 g Butter

Zum Bestreichen:

- etwas Wasser oder zerlassene Butter

Außerdem:

- Handrührgerät mit Knethaken
- Rührschüssel
- Esslöffel
- Messer
- Pinsel
- Backblech mit Backpapier

So geht es

Messen Sie gemeinsam mit den Kindern die Zutaten ab. Quark, Öl, Ei, Zucker, Vanillezucker und Salz werden zuerst gut miteinander verrührt. Mischen Sie das Mehl mit dem Backpulver. Rühren Sie zunächst etwa die Hälfte davon unter, danach können Sie den Rest der Backpulver-Mehl-Mischung unterkneten, bis der Teig glatt ist. Vom fertigen Teig schneiden Sie für jedes Kind ein Stück ab. Die Kinder können den Teig noch einmal durchkneten und zu einem Schäfchen formen. Für die ganz Kleinen genügt es, eine Teigkugel etwas platt zu drücken, mit Wasser oder zerlassener Butter zu bestreichen und Streusel aufzustreuen. Mit Ihrer Unterstützung schaffen es die Größeren, mit einem Messer etwas Teig für Kopf und Beine abzuschneiden, zu formen und am Schafskörper anzubringen (dieser Arbeitsgang erfolgt am besten direkt auf dem mit Papier ausgelegtem Backblech). Auch hier können Sie wieder den Teig mit etwas Wasser bzw. zerlassener Butter bestreichen und Streusel aufstreuen. Die Quark-Öl-Teig-Schäfchen werden bei 200 °C (Heißluft 180 °C) 20–25 Minuten gebacken. Die Backzeit richtet sich nach der Größe und Stärke der Schäfchen.

Tipp:
Die Quark-Öl-Teig-Schäfchen schmecken frisch gebacken am besten, sind aber auch tiefgefroren einige Wochen haltbar.

Heute feiern wir Muttertag

Jedes Jahr im Mai findet ein Fest zu Ehren der Mütter statt. Der Muttertag fand in Deutschland erstmals im Jahre 1923 statt und wird seither jedes Jahr gefeiert. Es ist ein Fest des Dankesagens für alles, was die Mutter tut, für ihre Arbeit, ihr Engagement und ihre Liebe. Kinder basteln gerne ein kleines Geschenk, mit dem sie ihre Mama dann überraschen. Zu sehen, wie die Mami sich freut, zaubert bereits den kleinsten Kindern ein Lächeln ins Gesicht. Die enge Bindung zwischen Mutter und Kind, dieses unsichtbare Band, wird an diesem Tag besonders gewürdigt. Zeit für die Familie haben, gemeinsam den Tag verbringen, spielen, lachen und einfach zusammen sein ist natürlich weitaus mehr hervorzuheben als Geschenke, Blumen oder Gedichte. Doch vielleicht macht gerade auch diese spezielle Kombination das Besondere des Muttertags aus. Mama darf sich verwöhnen lassen, alle frühstücken gemeinsam und man hat Zeit füreinander. Dies genießen Kinder jedes Alters sehr. Selbstverständlich hat die Mutter jeden Tag des Jahres die Liebe ihrer Familie und ab und an ein „Danke" oder „Ich hab dich lieb" verdient und hört diese Worte natürlich nicht nur am Muttertag gerne. Doch dieser Tag ist und bleibt eine kleine Besonderheit im Jahreskreis und deshalb haben wir im folgenden Kapitel vielfältige kleine Ideen rund um den Muttertag für Sie zusammengefasst. Bestimmt haben auch Ihre Kleinen viel Freude daran, eine nette Überraschung für die Mama zu kreieren.

Eine Geschichte erzählt vom kleinen Paul, der an Muttertag krank ist und seiner Mama kein Geschenk überreichen kann. Doch Papa hat eine tolle Idee.

Die Kinder gestalten eine Muttertagskarte aus einem Handabdruck oder basteln ein kleines Vögelchen für einen Muttertagsgruß. Dabei schulen sie ihre Feinmotorik.

Zwei kurze Gedichte, können für eine Muttertagskarte verwendet werden und fördern die Sprache der Kinder.

In einem Kreativangebot gestalten die Kleinen ein hübsches Frühlings-Mobile und schulen dabei ihre Auge-Hand-Koordination.

Ein Lied wird sicher alle Eltern erfreuen und regt die Musikalität der Kinder an.

Meine Mami ist die beste!

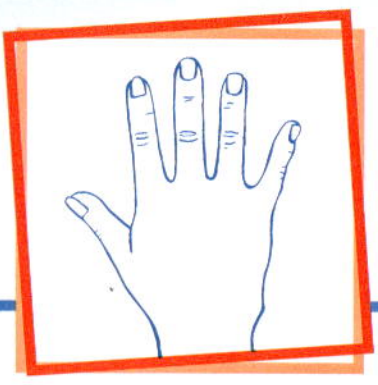

Muttertag ist jeden Tag

Das brauchen Sie

- Paul, Papa, Mama (Spielfiguren oder aus Papier)
- Bett (Puppenbett oder Karton mit Tuch auslegen)
- Tassen, Teller, Besteck (Kinderküche)
- Vase mit Blumen (echte oder aus Papier)
- Korb
- Brötchen (Kinderkaufmannsladen)
- Karte (siehe Anleitung S. 57)

Anleitung siehe S. 5

Paul hat im Kindergarten ein tolles Gedicht für seine Mama gelernt und auch eine wunderschöne Karte mit einem Handabdruck gebastelt. Warum? Weil heute Muttertag ist. Aber Paul ist krank. Er liegt mit einer Erkältung im **Bett**. Sein Hals tut weh, er muss dauernd niesen und ganz fürchterlich husten. Sein **Papa** bringt ihm eine **Tasse** Tee ans Bett. „Na, Paul, geht es dir schon ein bisschen besser?" Paul schüttelt den Kopf. „Der Tee wird dir guttun. Bestimmt fühlst du dich danach besser", sagt sein Vater und streicht ihm über den Kopf. – „Ich wollte Mama doch so gerne das Gedicht aufsagen und ihr die Karte schenken", krächzt Paul heiser. „Und jetzt bin ich krank. Dabei ist Muttertag nur einmal im Jahr", sagt er traurig. – „Das ist doch kein Problem", antwortet sein Vater. „Wer sagt denn, dass Muttertag nur heute ist? Was, wenn wir unseren Muttertag einfach nächste Woche feiern? Da bist du sicher wieder gesund und kannst Mama dein Gedicht vortragen und deine Karte schenken. Was meinst du?" – „Geht das denn?", fragt Paul verwundert. – „Warum sollte es denn nicht gehen? Wir können Mama etwas schenken, wann immer wir wollen. Sie freut sich auch nächste Woche ganz bestimmt über deine Überraschung." – „Dann machen wir das so", sagt Paul und dabei geht es ihm sogar schon ein kleines bisschen besser. Am nächsten Sonntag stehen Paul und sein Papa ganz früh auf. Pauls Mama schläft noch tief und fest. Die beiden schleichen leise in die Küche und bereiten das Frühstück vor. Paul deckt den Tisch mit **Tellern** und **Tassen** ein, legt **Besteck** dazu und stellt eine **Vase mit Blumen** bereit. Die hat ihm Papa gestern gekauft und sie versteckt, damit Mama sie nicht sieht. Dann kocht Papa Tee und drei Frühstückseier und bringt einen **Korb** mit frischen **Brötchen**. „Das sieht lecker aus", meint Paul. Danach holt er die gebastelte Karte und sein Vater fragt: „Bist du bereit?" Paul nickt. „Dann werde ich **Mama** jetzt wecken", schmunzelt Papa und schleicht die Treppe hinauf. Als Pauls Mutter in der Küche ankommt, staunt sie. Der Frühstückstisch ist gedeckt, frische Blumen stehen in der Vase und die Brötchen duften herrlich. Paul räuspert sich, dann spricht er:

„Meine Hände sind noch klein, doch bin ich trotzdem nie allein.
Du beschützt mich Tag und Nacht, bist immer da, gibst auf mich acht.
Drum sage ich an jedem Tag, wie gern ich meine Mama mag."

Und dann gibt er ihr ein Küsschen, überreicht die Karte und ruft: „Alles Gute zum Muttertag!" – „Dankeschön, mein Schatz", antwortet diese und ist immer noch ganz überrascht. „War Muttertag nicht letzten Sonntag?", will sie dann wissen. – „Wir können Muttertag feiern, wann immer wir wollen", lacht Paul. „Oder etwa nicht?" – „Da hast du recht", lacht auch seine Mama und dann lassen sich die drei ihr Muttertagsfrühstück am Nicht-Muttertag in aller Ruhe schmecken.

Handabdruckkarte

Eine individuelle Muttertagskarte lässt sich im Handumdrehen herstellen und wird sicher jeder Mami ein Lächeln ins Gesicht zaubern.

Material

- bunter und weißer Tonkarton
- bunte Fingerfarbe
- Pinsel
- Schere
- Klebstoff
- Bleistift
- Lineal

Individuelle Muttertagskarten sind gedruckt.

Durchführung

Fertigen Sie für die Karte ein 18 x 36 cm großes Rechteck in der Wahlfarbe des Kindes an und knicken Sie dieses mittig zusammen.
Bestreichen Sie die Hand des Kindes mit Fingerfarbe und drucken Sie diese auf einen weißen Papierbogen.

Zuerst wird die Hand mit Farbe bestrichen …

Nach dem Trocknen ziehen Sie mit Bleistift und Lineal ein etwa 12 x 15 cm großes Rechteck um die Hand und schneiden dieses aus. Kleben Sie das Rechteck auf die Karte und fertigen Sie aus bunten, 1,5 cm breiten Tonkartonstreifen einen Rahmen an. Fertig.

… und dann auf das Papier gedruckt.

Vogelkarte

Material

- hellblauer Tonkarton
- Moos
- Klebstoff

Durchführung

Der Vogel des Kreativangebots „Frühlings-Mobile" (Anleitung siehe S. 59) eignet sich auch prima für eine Muttertagskarte. Schneiden Sie aus dem blauen Tonkarton ein 30 x 11 cm großes Rechteck zu und falten Sie es mittig zusammen. Die Kinder befestigen etwas Moos sowie den Vogel auf der Karte. Wenn Sie möchten, schreiben Sie nun das Gedicht von Seite 58 in die Karte und dann dürfen es die Kleinen ihrer Mama überreichen. Da wird sicher jede Mutter vor Freude strahlen.

So sieht die fertige Muttertagskarte aus.

Zum Muttertag

Ein kleiner Gruß für Mami und Papi.

Ein kleines Gedicht für Mami und Papi!

Meine Hände sind noch klein,
doch ich bin trotzdem nie allein.
Ihr beschützt mich Tag und Nacht,
seid immer da, gebt auf mich acht.
Drum sage ich an jedem Tag,
wie gern ich meine Eltern mag.
Euer/Eure …

Die Vogelmama

Die Vogelmama fliegt geschwind
nach Haus zu ihrem lieben Kind.
Das Vogelkind ist ja noch klein
und will bei seiner Mama sein.
Es kuschelt sich an sie ganz sacht,
die Vogelmutter gibt stets acht.
Beschützt es, lässt es nie allein,
am Tag und auch im Mondenschein.
Drum singt das Kind, wie wunderbar,
ein schönes Lied für die Mama.
Piept: „Dankeschön! Ich hab dich lieb!
Und bin so froh, dass es dich gibt!“

Tipp:
Die Gedichte können Sie in die Karten von Seite 57 schreiben und am Muttertag verschenken.

Frühlings-Mobile

Material

- 4 Äste, mehrere kleine Stöckchen
- Paketschnur oder Sisalschnur
- Bast in Naturfarben
- Schere
- Tonkarton in Orange, Grau, Weiß, Schwarz
- Bastelfedern in Bunt und Naturfarben
- Locher
- Klebstoff
- Lochzange

Zuerst wird der Körper für mein Vögelchen geschnitten.

Durchführung

Für den Holzrahmen:

Sammeln Sie mit Ihren Kindern bei einem Ausflug oder Spaziergang Äste und Stöcke und nehmen Sie diese mit in die Einrichtung. Mithilfe der Paketschnur binden Sie immer vier Stöcke zu einem Viereck zusammen, das als Rahmen für das Mobile dient. Diesen Arbeitsschritt müssen Sie übernehmen, da er für die Kleinen zu schwierig ist.

Für die Dekoration:

Die Kinder suchen sich zwei bunte Bastelfedern in den Farben ihrer Wahl aus, die Sie (abwechselnd mit kleinen Stöckchen) an zwei Bastschnüre knoten. Die beiden Schnüre befestigen Sie anschließend am Holzrahmen.

Für die Vögel:

Bereiten Sie einen weißen, 7 cm großen Kreis als Bauch vor, zwei graue, 2,5 x 2,5 cm große Quadrate für die Köpfe, einen weißen, 1 cm breiten Streifen für die Augen und ein orangefarbenes, 1,5 x 2 cm großes Rechteck für die Schnäbel.
Die Kleinen halbieren den Kreis und verwenden beide Hälften als Bäuche. An den Köpfen schneiden sie alle Ecken ab und vom weißen Streifen vier Stücke für die Augen. Vier schwarze Locherpunkte kleben sie als Pupillen auf. Das orangefarbene Rechteck schneiden die Kinder diagonal durch und verwenden die beiden entstandenen Dreiecke als Schnäbel. Die Einzelteile der Vögel setzen die Kleinen mit Klebstoff zusammen und bringen auf jeder Kopfseite ein Auge an. Auf allen Bauchseiten kleben sie eine Bastelfeder in Naturfarben als Flügel fest. Mithilfe einer Lochzange stanzen Sie ein Loch in die beiden Vögel, knoten eine Bastschnur daran und befestigen diese am Holzrahmen.

So sieht das fertige Mobile aus.

Fertigstellung:

Zuletzt bringen Sie an jeder Ecke des Holzrahmens eine Bastschnur an, verknoten alle vier Schnüre miteinander und fertig ist ein wunderschönes Mobile, das sicher jede Mama am Muttertag erfreuen wird.

Meine Mama hab ich gerne

Noten: *traditionell, „Fuchs du hast die Gans gestohlen“*
Text: *Beate Vogel*

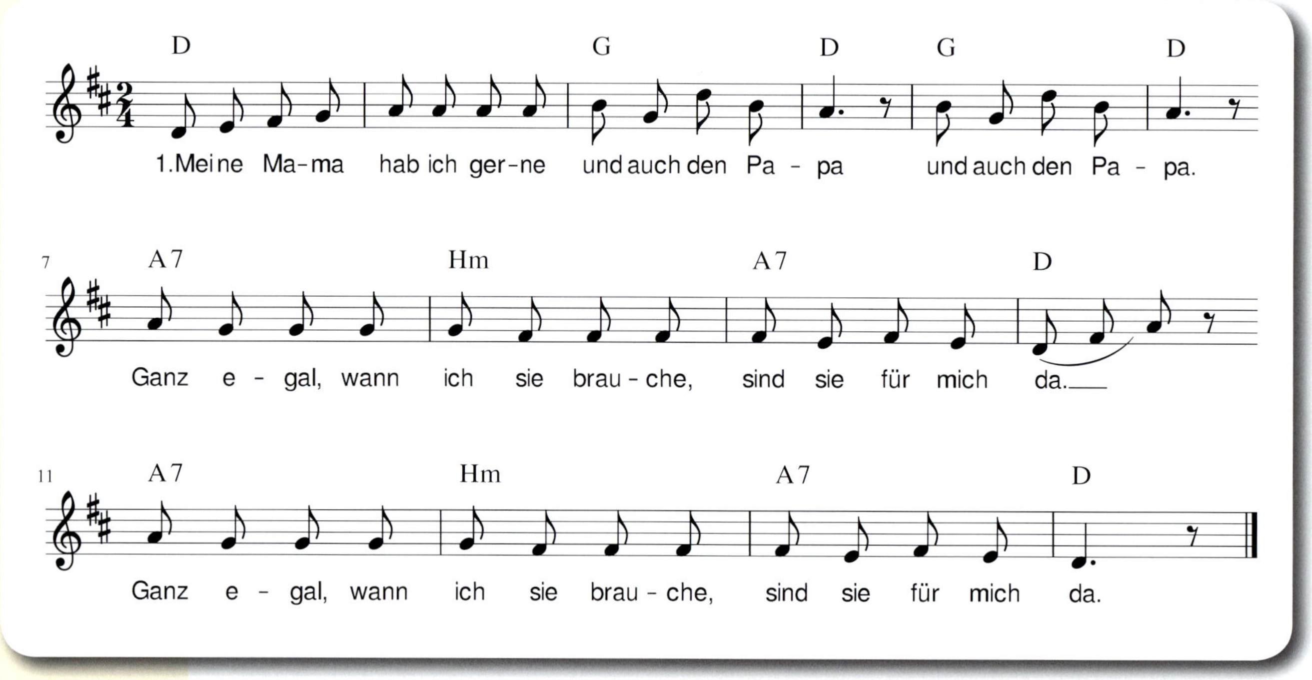

2. Wenn ich morgens früh aufstehe, sind sie für mich da, sind sie für mich da.
II: Richten mir ein leck'res Frühstück, das ist wunderbar. :II

3. Wir haben viel Spaß zusammen, sie sind für mich da, sie sind für mich da.
II: Spielen, toben und viel lachen, das ist wunderbar. :II

4. Und wenn ich einmal traurig bin, sind sie für mich da, sind sie für mich da.
II: Halten mich in ihren Armen, das ist wunderbar. :II

5. Wenn ich abends müde bin, dann sind sie für mich da, sind sie für mich da.
II: Bringen mich ganz lieb ins Bettchen, das ist wunderbar. :II

6. Meine Mama hab ich gerne und auch den Papa und auch den Papa.
II: Ganz egal, wann ich sie brauche, sind sie für mich da. :II

Bald bin ich ein Kindergartenkind

Wenn Krippenkinder älter werden, steht ein Wechsel in den Kindergarten oder in eine Kindergartengruppe an. Meist endet die Krippenzeit mit Vollendung des 3. Lebensjahres und ein neuer Lebensabschnitt beginnt. Ein solcher Wechsel kann mit Ängsten und Unsicherheiten einhergehen, da die Kleinen nicht wissen, was auf sie zukommt. Altbekanntes und Vertrautes fällt auf einmal weg, sie müssen sich neuen Herausforderungen stellen und veränderten Gegebenheiten anpassen. Neue Bezugspersonen, andere und mehr Kinder in der Gruppe, neue Räumlichkeiten und ein veränderter Tagesablauf sind einige der Dinge, mit welchen sie dann konfrontiert werden. Um ihnen diesen Übergang so angenehm wie möglich zu machen, sind vorherige Schnupperbesuche in der neuen Gruppe von großer Bedeutung. Ebenso wichtig ist es, den Abschied von der Krippengruppe so behutsam wie möglich zu gestalten. In diesem Projekt möchten wir Ihnen kleine Rituale vorstellen, die den Abschied erleichtern können und Ihnen Möglichkeiten aufzeigen, wie Sie Ihre Jüngsten auf einen baldigen Wechsel vorbereiten können. Wichtig ist, den Kindern die Ungewissheit zu nehmen, indem Sie mit ihnen offen darüber sprechen, einen sanften Übergang gestalten und Neugier auf etwas Neues wecken. Auf diese Weise kann der Abschied von der Krippenzeit mit einem weinenden und einem lachenden Auge stattfinden, bei dem Sie die Kleinen unterstützen und begleiten können. Ganz nach dem Motto: „Die Krippenzeit war wunderschön – jetzt bin ich groß und darf bald gehn!"

Eine Geschichte erzählt vom kleinen Jan, der aus der Krippengruppe in die Kindergartengruppe wechselt. Sie möchte den Kindern die Unsicherheiten eines bevorstehenden Wechsels nehmen.

Bei einem kreativen Angebot helfen alle Kinder mit, ein hübsches Abschiedsgeschenk zu gestalten. Ganz nebenbei wird ihre Feinmotorik gefördert.

Ein Sprechvers sagt „Auf Wiedersehn" und fördert die Sprachentwicklung der Kleinen.

Ein Ritual erleichtert den Kindern den Abschied aus der Krippengruppe und weckt die Vorfreude auf die Zeit als Kindergartenkind.

Sie können einen hübschen Marienkäfer als Abschiedsgeschenk für Ihre Kleinen gestalten, der Glück bringen soll und sogar noch schaukeln kann.

Umzug in die neue Gruppe

Jan wird Kindergartenkind

Das brauchen Sie

- Jan, Pia, Lea (aus Papier oder Spielfiguren)
- Koffer (Kinderkoffer)
- Ordner
- Geburtstagskalenderbild (ein Gesicht als „Foto" malen)
- Garderobenschild (Schild mit Namen und eventuell wieder gemaltes „Gesichterfoto" basteln)
- Wechselkleider (Kinder- oder Puppenkleider)
- Glückskäfer (siehe Anleitung S. 66)

Anleitung siehe S. 5

Jan hat bald Geburtstag und wird drei Jahre alt. Eigentlich freut er sich auf diesen Tag, aber er hat auch ein bisschen Bauchschmerzen. Denn wenn er drei ist, wird er die Däumling-Gruppe verlassen und zu den großen Kindern in den Kindergarten kommen. Aber Jan will nicht. Er mag die Däumling-Gruppe und seine Erzieherinnen Karla und Pia. „Nur noch fünf Mal schlafen, dann hast du Geburtstag", sagt **Pia***. „Freust du dich?"– „Hm", antwortet Jan. – „Was ist denn los? Geburtstag ist doch etwas Tolles. Dann wirst du drei Jahre alt und bist ein großer Junge." – „Ich will aber kein großer Junge sein. Ich will lieber ein Däumling-Kind bleiben!", sagt Jan trotzig. Pia ahnt, dass er sich Sorgen macht, wenn er in den Kindergarten kommt, denn er weiß nicht, was ihn dort erwartet. „Im Kindergarten ist es toll", versucht Pia, ihm Mut zu machen. „Da gibt es Spielsachen nur für große Kinder und die Erzieherinnen dort sind auch sehr nett. Du wirst Ausflüge machen und andere spannende Dinge unternehmen." – „Will ich nicht!" – „Was hältst du davon, wenn wir gemeinsam die Elefantengruppe besuchen?", fragt Pia. Jan weiß nicht recht, doch Pia nimmt ihn einfach an die Hand und die beiden spazieren los. „Du brauchst keine Angst zu haben, ich werde die ganze Zeit bei dir bleiben", sagt sie und Jan fasst neuen Mut. In der Elefantengruppe gibt es allerlei zu entdecken und die großen Kinder sind sehr nett zu ihm. Jeden Tag besucht er nun die neue Gruppe und Pia muss schon bald nicht mehr dabeibleiben. Dann ist sein letzter Tag in der Krippengruppe gekommen. Alle Kinder haben sich versammelt, als Pia mit einem großen* **Koffer** *ins Zimmer kommt. „Wozu der Koffer?", fragt Jan. – „Der ist für deinen Umzug in die neue Gruppe. Damit du nichts vergisst, wollen wir deine ganzen Sachen in den Koffer packen und ihn zusammen in die Elefantengruppe tragen!" In den Koffer packt Jan seinen Ordner mit vielen Fotos, sein* **Geburtstagskalenderbild** *und sein* **Garderobenschild***, seine* **Wechselkleider** *und zum Schluss bekommt er noch einen* **Glückskäfer** *geschenkt. „Der soll dir Glück bringen, damit du viele neue Freunde findest und es dir in der neuen Gruppe gut gefällt", sagt Pia. Dann begleiten alle Jan in die neue Gruppe, wo er bereits von den großen Kindern erwartet wird. „Jetzt bist du ein Elefantenkind!", begrüßt ihn* **Lea***, seine neue Erzieherin. „Wir freuen uns sehr auf dich. Es wird dir bei uns gefallen." – „Du kannst uns immer besuchen kommen, wenn du willst", sagt Pia und drückt Jan noch einmal ganz fest. Er ist immer noch ein bisschen traurig, denn er wird Pia und seine Freunde vermissen. Aber er freut sich auch auf die neue Gruppe und auf das, was ihn dort erwartet. „Jetzt lass uns deinen Koffer auspacken", lächelt Lea. Es wird nicht lange dauern, dann wird er sich in der Elefantengruppe sicher genauso wohlfühlen wie in der Däumling-Gruppe. Und dank Pia fällt ihm der Abschied nun nicht mehr ganz so schwer.*

Glückskäfer-Karte

Wenn eines Ihrer Krippenkinder drei Jahre alt wird und in die Kindergartengruppe wechselt, können Sie eine hübsche Karte gestalten, die Sie zum Abschied verschenken können. Jedes Kind aus der Krippengruppe darf einen Fingerabdruck darauf hinterlassen und auf diese Weise „Tschüss" sagen. So können Sie ein individuelles Abschiedsgeschenk gestalten, das auf kindgerechte Weise viel Glück wünschen will.

Material

- rote Fingerfarbe
- Plastikteller (oder anderer Behälter)
- hellgrüner Tonkarton
- dunkelgrüner Buntstift
- Schere
- schwarzer Fasermaler
- Bleistift

So sieht die fertige Glückskäfer-Karte aus.

Durchführung

Malen Sie für Ihre Karte mit dem Bleistift ein Blatt auf den grünen Tonkarton und schneiden Sie dieses aus. Mit dem Buntstift zeichnen Sie dünne Linien als Verästelungen auf. Wie groß das Blatt werden soll, entscheiden Sie.

Die Kinder tauchen ihren Zeigefinger in die rote Farbe und drücken ihn auf das Blatt. Nach dem Trocknen zeichnen Sie an jedes Käferlein Flügel, einen Kopf sowie zwei Fühler und die Kleinen malen Beine und Punkte auf. Fertig ist eine individuelle Karte, in die Sie das Gedicht von Seite 64 schreiben können.

Jetzt bist du groß

Liebe(r) …
Jetzt bist du groß und musst bald gehn,
drum sagen wir „Auf Wiedersehn".
Ein Käferlein soll Glück dir bringen,
zum Abschied wir ein Lied dir singen.
Die Katz miaut, der Hund bellt: wau,
wir sagen: tschüss, bye, bye und ciao.
Wir wünschen Freude, Glück und Mut
und sei gewiss, alles wird gut.
Liebe (r) … die Zeit war schön,
pass auf dich auf: „Auf Wiedersehn!"

Gut zu wissen:
Damit der Sprechvers individuell auf jedes Kind ausgerichtet ist, setzen Sie an der entsprechenden Stelle den Namen des Kindes ein, das verabschiedet wird.

Die abgebildete Handpuppe entspringt der Marke Sterntaler.

Der Umzugskoffer wird gepackt.

Koffer packen

Wenn Krippenkinder drei Jahre alt werden, steht meist ein Wechsel in die Kindergartengruppe an. Dies ist eine Zeit der Veränderung, sowohl für das betreffende Kind als auch für die restliche Gruppe, die einen Freund/eine Freundin gehen lassen muss. Schnupperbesuche fanden bereits statt und nun ist der letzte Tag in der Krippengruppe gekommen.
Um einen solchen Abschied für die Kleinen verständlicher gestalten zu können, bietet es sich an, symbolisch einen „Umzug" zu zelebrieren, der dabei hilft, sich auf die neue Situation einzustellen.

Alle Freunde haben sich versammelt.

Ein Koffer dient hierbei als „Umzugskiste", denn dort hinein werden alle Dinge gepackt, die mit in die neue Gruppe genommen werden. Beispielsweise:

- der Portfolio-Ordner
- das Geburtstagsfoto
- das Garderobenschild
- Wechselkleidung
- das Lätzchen …

Das Kind darf nun alles in seinem Koffer verstauen, ehe dieser verschlossen wird.

Alle wichtigen Dinge werden im Koffer verstaut.

In gemeinsamer Runde wird noch einmal darüber gesprochen, dass nun der Wechsel in die Kindergartengruppe unmittelbar bevorsteht. Alle dürfen sich noch einmal verabschieden, zusammen singen und erzählen. Während dieser kleinen Feier können Sie den Glückskäfer überreichen und den personalisierten Sprechvers gemeinsam sprechen.

Ist alles verstaut, wird der Koffer verschlossen …

Zusammen mit allen Freunden wird der Koffer dann in die neue Gruppe gebracht, wo er wieder ausgepackt und alle Utensilien verstaut werden. Und dann heißt es endgültig Abschied nehmen und: „Auf Wiedersehn!"

… und in die neue Gruppe gebracht.

Gut zu wissen:
Wenn das Kind die Einrichtung wechselt, können Sie gemeinsam mit den anderen Kindern eine Pappbox gestalten, in die die Geschenke gelegt werden.

Glückskäfer

Material

- 2 CDs (Rohlinge oder ausrangierte)
- 2 leere Streichholzschachteln oder eine flache Schachtel in etwa derselben Größe
- flache Steine
- 2 Wackelaugen
- roter und schwarzer Tonkarton
- Schere
- Locher
- Klebstoff
- doppelseitiges Klebeband

Durchführung

Kleben Sie die beiden Streichholzschachteln an der Reibefläche zusammen und füllen Sie eine der beiden mit den Steinen. Falls Sie nur eine Schachtel verwenden, füllen Sie diese ca. zu einem Drittel mit Steinen. Befestigen Sie die beiden CDs mit doppelseitigem Klebeband deckungsgleich an der Vor- und Rückseite der Schachtel (der Schwerpunkt der Schachtel ist an der unteren CD-Kante).

Für die Vorderseite des Glückskäfers fertigen Sie zwei schwarze Tonkartonkreise (Durchmesser 11,5 cm und 7 cm) an. Der größere Kreis wird als Bauch, der kleinere als Kopf verwendet. Kleben Sie nun beide übereinander. Bringen Sie die beiden Wackelaugen und einen roten Locherpunkt als Nase im Gesicht an. Fertigen Sie einen roten Kreis (Durchmesser 2,5 cm) an, schneiden Sie ihn mittig durch und verwenden Sie eine Hälfte als Mund. Befestigen Sie zwei 0,5 cm breite schwarze Streifen als Fühler an der Rückseite des Kopfes. Für die Rückseite des Glückskäfers fertigen Sie erneut zwei schwarze Tonkartonkreise (s.o.) an und kleben sie übereinander. Die Flügel bestehen aus einem roten Tonkartonkreis (Durchmesser 10 cm), den Sie mittig durchschneiden und dessen Hälften Sie als Flügel am Rücken mit Klebstoff fixieren. Nun bekommt der Marienkäfer noch drei oder vier schwarze Glückspunkte, die Sie aus Tonkarton ausschneiden (Durchmesser 2,5 cm) und auf die Flügel kleben.
Die Vorder- und Rückseite des Käfers befestigen Sie mit doppelseitigem Klebeband deckungsgleich auf den beiden CDs.

Achtung: der Schwerpunkt muss unten sein!

So sieht der Käfer von vorne aus...

... und so von hinten.

Mit Händen und Füßen

Das wichtigste Greiforgan des menschlichen Körpers sind die Hände. Jede Hand besteht aus 27 Knochen, über 30 Muskeln und 3 Nerven. Mit ihren fünf Fingern ermöglicht die Hand sowohl einen Kraftgriff als auch einen Präzisionsgriff. Während beim Kraftgriff die komplette Handfläche zugreift, um schwere Lasten zu halten oder zu heben, werden beim Präzisionsgriff Gegenstände durch den Pinzetten-, Zangen- oder Dreipunktgriff geführt. Durch viele verschiedene Rezeptoren erhält die Hand eine hohe haptische Sensibilität, die ein empfindliches Fühlen und Tasten ermöglicht. Mit den Händen können Kinder greifen, stecken, winken, klatschen, fädeln und vieles mehr. Und sie können sich an etwas festhalten, um beispielsweise laufen zu lernen. Die Hand gibt ihnen Sicherheit.

Am unteren Abschnitt der Beine sind die Füße, die durch das Sprunggelenk mit dem Unterschenkel verbunden sind. Jeder Fuß besteht aus der Fußwurzel, dem Mittelfuß und fünf Zehen. 26 Knochen bilden jeden Fuß und er ist mit einer Vielzahl an Gelenken, Muskeln, Bändern und Sehnen ausgestattet. Weiterhin besitzen die Fußsohle und die Zehen Rezeptoren, Nervenenden und Sensoren, die einen enorm guten Tastsinn ermöglichen. Die Füße sind jedoch nicht nur für das Laufen zuständig, sondern sorgen weiterhin für das Gleichgewicht und die Beweglichkeit.
In diesem Projekt werden Ihre Jüngsten staunen, was sie mit ihren Händen und Füßen alles können.
Viel Spaß dabei.

In einer Geschichte lernen die Kinder Anna kennen und erfahren, was man mit Händen und Füßen so alles anstellen kann.

Bei einem kreativen Angebot gestalten die Kleinen ein Wiesenbild nur mit ihren Händen.

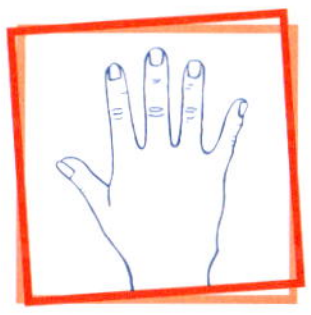

Ein lustiges Bewegungsspiel animiert die Kinder zum Mitmachen und Bewegen und fördert ihre Koordination.

Ein rhythmischer Sprechvers berichtet davon, was die Hände alles können, und schult die Sprachentwicklung der Kleinen.

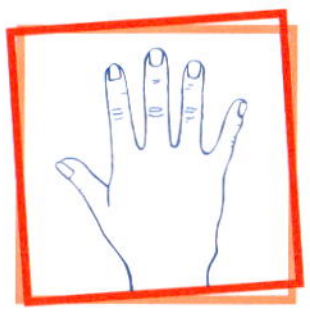

Beim Barfußturnen spüren die Kinder mit ihren Füßen und sammeln vielerlei taktile Erfahrungen.

Das wird ein toller Fußabdruck!

Entdeckungen im Garten

Das brauchen Sie

- Anna, Mama (Spielfiguren oder aus Papier)
- Gras (grünes Tuch)
- Kieselsteine
- Grashalm (echter oder grüner Chenilledraht)
- Blumen (aus Papier oder Dekoblumen)
- Marienkäfer (Spielfigur oder aus Papier)
- Regentropfen (blaue Locherpunkte)
- Wasserfarben und Pinsel
- Papierbogen
- fertiges Wiesenbild (Anleitung siehe S. 69)

Anleitung siehe S. 5

*Es ist ein sonniger Tag und **Anna** und ihre **Mama** gehen zusammen in den Garten. Sofort zieht Anna ihre Schuhe aus und läuft über die Wiese. „Hihi“, kichert sie, das **Gras** kitzelt sie an den Füßen. „Zieh doch auch deine Schuhe aus!“, ruft sie ihrer Mama zu. Die beiden hüpfen und tanzen durch das weiche Gras. „Ohne Schuhe laufen macht Spaß“, lacht Anna. „Stimmt“, bestätigt ihre Mutter, „man kann mit den Füßen nämlich ganz wunderbar fühlen. Komm mal her.“ Anna läuft zu ihrer Mutter, die neben dem Weg aus **Kieselsteinen** steht. „Lass uns mal hier drüberlaufen.“ Schon spazieren die beiden über die vielen Steine. Es gibt große und kleine, runde und flache und alle fühlen sich hart, aber angenehm an den Fußsohlen an. Dann legt Anna sich ins Gras. Auf einmal kitzelt es an ihrem Fuß und sie muss lachen. Ihre Mama kitzelt sie mit einem **Grashalm**. „Es ist schön im Garten“, sagt Anna. „Das stimmt. Und unsere Blumen sind ebenfalls wunderschön. Sollen wir welche pflücken?“ – „Ja!“, freut Anna sich und pflückt so viele **Blumen**, dass sie beide Hände braucht, um sie festzuhalten. „Zum Glück habe ich zwei Hände“, kichert sie. An einer Blume krabbelt ein kleiner **Marienkäfer**. Annas Mutter nimmt ihn vorsichtig auf die Hand und lässt ihn auf Annas Arm krabbeln. „Das kitzelt“, lacht Anna, als der winzige Käfer mit seinen sechs Beinchen über ihren Arm läuft. Kurze Zeit später fliegt er davon. Auch Anna und ihre Mutter gehen zurück ins Haus. „Gehen wir morgen wieder in den Garten?“, will Anna wissen. – „Das machen wir.“ Doch am nächsten Tag regnet es. Unzählige **Regentropfen** fallen vom Himmel und Anna muss im Haus bleiben. „Wir können etwas anderes machen“, sagt ihre Mutter. Auf dem Küchentisch stehen **Wasserfarben** und ein großer **Papierbogen** liegt bereit. „Heute malen wir einen Garten nur mit unseren Händen.“ – „Mit unseren Händen? Wie geht denn so was?“, will Anna wissen. „Zuerst malen wir das Gras“, antwortet ihre Mama und pinselt Anna die Finger mit Grüner Farbe an. Anna muss die Finger dann auf das Papier drücken und siehe da: Grüne Grashalme sind zu sehen. Anna staunt. Ihre Mama malt ihr noch viele Male die Finger an, bis eine richtige Wiese auf dem Papier zu sehen ist. „Jetzt müssen wir erst mal die Hände waschen“, sagt ihre Mama, bevor sie ihrer Tochter die ganze Hand mit gelber Farbe einstreicht. Anna druckt diese wieder auf das Papier und nach einigen Malen ist eine Sonne entstanden. Aus unzähligen Fingerabdrücken entstehen noch viele bunte Blumen. Auch Annas Mama druckt welche auf das Papier. So gibt es große und kleine Blumen. Als das **Wiesenbild** fertig ist, betrachten sie es. „Es ist schön geworden“, findet Anna. – „Ja und wir haben es nur mit unseren Händen gemalt“, antwortet ihre Mutter. „Jetzt muss es nur noch trocknen.“ Und genau in diesem Augenblick hört der Regen auf und die Sonne kommt wieder zum Vorschein. „Sollen wir nachsehen, ob im Garten Schnecken unterwegs sind?“, fragt ihre Mama. „Jaaaa!“, ruft Anna und die beiden sausen nach draußen.*

Kunterbunte Blumenwiese

Nur mithilfe ihrer Hand können die Kleinen eine tolle Blumenwiese gestalten. Alles, was sie dafür brauchen, sind Farben und ihre Finger.

Material

- weißer Tonkarton (etwa DIN A3)
- bunte Fingerfarben, v.a. Gelb und Grün
- Pinsel
- wasserfeste Behälter (z. B. Plastikdeckel o. Ä.)

Optional für diejenigen, die einen Bilderrahmen gestalten möchten:

- blauer Tonkarton
- Lineal
- Schere
- Klebstoff

So sieht das fertige Wiesenbild aus.

Durchführung

Für die Sonne:

Bemalen Sie die Handfläche sowie alle Finger des Kindes, außer dem Daumen, mit gelber Fingerfarbe und drücken Sie diese auf den weißen Papierbogen auf. Bemalen Sie anschließend nur die vier Finger mit Farbe und drücken Sie die Kinderhand auf die bereits gedruckte Handfläche, jedoch mit versetzten Fingern. Wiederholen Sie den Vorgang so oft, bis eine Sonne entstanden ist.

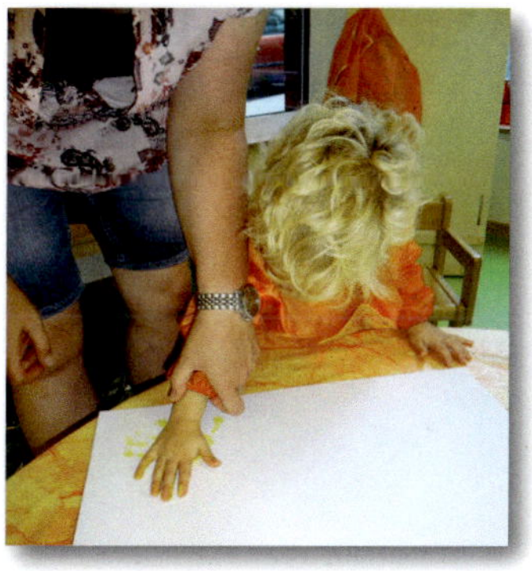

Die Sonne wird gedruckt.

Für das Gras:

Bestreichen Sie Zeige-, Mittel-, Ring- und kleinen Finger mit grüner Farbe und lassen Sie die Kinder diese als Grashalme auf ihren Papierbogen drucken.

Viele Grashalme entstehen.

Für die Blumen:

Geben Sie in jeweils einen Plastikdeckel eine Fingerfarbe hinein. Ihre Jüngsten tauchen nun ihre Fingerspitze direkt in die Farbe und drucken auf diese Weise bunte Blumen ins Gras. Jeder darf sich die Farben für seine Blumenwiese selbst aussuchen und entscheiden, wie viele Blumen auf dem Bild „blühen" dürfen.

Viele bunte Blumen entstehen aus Fingerabdrücken.

Tipp:
Mit einem Rahmen aus blauem Tonkarton sieht die Blumenwiese gleich noch bunter aus.

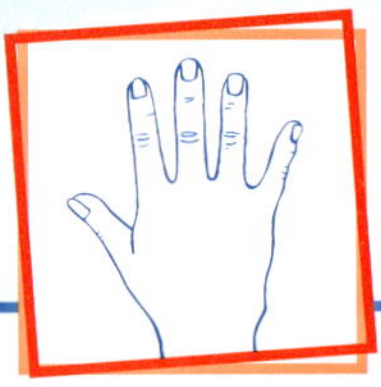

Mit Händen und mit Füßen

Verse sprechen …	Finger spielen …
Mit Händen und mit Füßen, so wolln wir uns begrüßen. Wir sagen uns „Hallo“, schau gut zu, das geht so:	*Hände und Füße zeigen*
Wir klatschen in die Hände und danach noch aufs Bein. Dann winken wir uns zu und sagen: „Hallo, du!“	*In die Hände klatschen;* *auf die Oberschenkel patschen;* *nach rechts und links winken*
Wir schnipsen mit den Fingern und tippen auf den Bauch. Dann winken wir uns zu und sagen: „Hallo, du!“	*Mit den Fingern schnipsen;* *mit den Fingern auf den Bauch tippen;* *nach rechts und links winken*
Wir stampfen mit den Füßen, drehn uns danach im Kreis. Dann rufen wir „Hurra!“, wie schön, du bist da.	*Mit den Füßen stampfen;* *im Kreis drehen;* *die Arme nach oben strecken*
Wir hüpfen auf der Stelle, mal auf und auch mal ab. Dann rufen wir „Hurra!“, wie schön, du bist da.	*Auf und ab hüpfen;* *die Arme nach oben strecken*

Gut zu wissen:

Dieses lustige Bewegungsspiel kann zur Begrüßung mit den Kindern im Morgenkreis durchgeführt werden. Dazu stehen die Kinder im Kreis und führen die Bewegungen dem Text entsprechend durch.

Die Hand

'Ne Hand, 'ne Hand, die hat ein Jedermann!
Fünf Finger hat sie an sich dran,
mit denen man viel machen kann.

Sie krabbeln über deinen Bauch
und kitzeln können sie dich auch.
Sie stupsen dich an deiner Nas',
das macht den Fingern großen Spaß.

Sie zwicken dich auch noch ins Bein,
ein bisschen nur, so muss das sein.
Mal zupfen und mal pieken sie
am Ohr und auch an deinem Knie.

Am Ende streicheln sie dich sacht
und wünschen eine gute Nacht.

Gut zu wissen:
Dieser rhythmische Sprechvers kann auch gut als kleine „Massagegeschichte" durchgeführt werden.
Während Sie den Text sprechen, führen Sie die entsprechenden Bewegungen am Kind durch.

Barfußturnen

Die meisten Kinder lieben es, barfuß zu laufen. Sie spüren intuitiv, was gut für sie ist, denn barfuß laufen macht nicht nur Spaß, es ist auch noch gesund. Die Fußsohlen sind, ähnlich wie die Handinnenflächen, sehr empfindsam und so werden durch das Erleben und Wahrnehmen verschiedener Untergründe wichtige sensorische Reize gesetzt. Die Fußmuskulatur wird dadurch trainiert und gestärkt. Die folgenden Übungen sollen Ideen und Impulse geben, die Kinder den Sommer mit den Füßen spüren zu lassen.

Barfußpfad

Das brauchen Sie

- mehrere Pappkartons
- 1 flache Wanne
- verschiedene Naturmaterialien, wie z. B. Rindenmulch, Kies, Sand, Moos, Wasser
- Handtücher

So geht es

Stellen Sie die Pappkartons mit etwas Abstand zueinander auf und befüllen Sie diese mit den unterschiedlichen Materialien. Achten Sie darauf, nur Materialien zu verwenden, an denen die Kinder sich nicht verletzen können. Den Abschluss des Parcours bildet die Wanne mit Wasser. Um ein Ausrutschen der Kinder zu vermeiden, legen Sie ein oder mehrere Handtücher in die Wasserwanne. Die Kinder dürfen nun selbstständig oder mit Ihrer Unterstützung durch die einzelnen Kartons gehen oder nach Lust und Laune eine Zeit lang darin verweilen.

Toll, was man mit den Füßen alles fühlen kann.

Schlangennest

Das brauchen Sie

- 1 Gymnastikreifen
- mehrere Seile

So geht es

Legen Sie den Gymnastikreifen ins Gras und geben Sie alle Seile hinein. Die Seile sind nun Schlangen in einem Nest. Die Kinder setzen oder stellen sich um den Reifen und versuchen, mit den Füßen eine oder mehrere Schlangen aus dem Nest zu ziehen.

Schwupps, ich hab eine Schlange geschnappt.

Inseln hüpfen

Das brauchen Sie

- verschiedenfarbige runde Gummimatten (alternativ: Tonkartonkreise)

So geht es

Legen Sie die runden Matten mit ausreichend Abstand zueinander ins Gras. Die Kinder laufen nun frei um die farbigen Inseln herum. Auf Ihr Kommando (z. B. „Auf die Insel") sucht sich jedes Kind eine Matte und stellt sich darauf. Je nach Alter und Vorerfahrung können Sie die Schwierigkeitsstufe des Spieles erhöhen, indem sich die Kinder eine Insel in einer bestimmten Farbe suchen müssen oder indem sie sich auf unterschiedliche Arten bewegen sollen.

Alle haben eine Insel gefunden.

Viele kleine Zwerge

Als Zwerge bezeichnet man allgemein kleine Fabelwesen mit menschenähnlichem Aussehen. Meist werden sie mit lustigen Zipfelmützen und langen Bärten dargestellt. Zwerge gelten als klug, tapfer und fleißig und sie bewohnen Höhlen in Wäldern und Gebirgen. In vielen Märchen, Erzählungen und Sagen sind sie wesentlicher Bestandteil und auch die Filmwelt hat sie längst für sich entdeckt. Kinder mögen diese freundlichen kleinen Fantasiegestalten meist gerne und es bietet sich an, ihnen ein eigenes kleines Projekt in diesem Buch zu widmen. So können die Zwerge, die stets im Einklang mit der Natur und ihrer Umwelt leben, zum Vorbild für die Kinder werden, indem sie ihnen einen artgerechten Umgang mit Tieren und Pflanzen vorleben, wenn auch nur im imaginären Sinne. Ihre Jüngsten dürfen bei diesem Projekt in eine Fantasiewelt eintauchen, in der sie Fabelwesen kennenlernen können und wundersamen Dingen begegnen. Auf diese Weise wird ihre Fantasie angeregt und sie können in Rollenspielen ihre Kreativität frei entfalten, indem sie selbst in die Rolle der kleinen Zwerge schlüpfen. Sie können ihnen beispielsweise Stoffumhänge für das Freispiel anbieten, welche sie in ihrer Vorstellung unsichtbar machen, so wie dies bei den Zwergen oft der Fall ist. Spielen Sie mit dieser Thematik und gestalten Sie das Projekt ganzheitlich nach Ihren Vorstellungen und Wünschen. Wir möchten Ihnen einige Impulse geben, wie Sie ein solches Projekt gestalten können.

In einer Geschichte lernen die Kinder den Zwerg Toni kennen und erfahren, dass es manchmal sogar von Vorteil sein kann, der Kleinste zu sein.

Bei einem kreativen Angebot dürfen die Kleinen färben, schneiden und kleben und stellen auf diese Weise einen tollen Zwerg her.

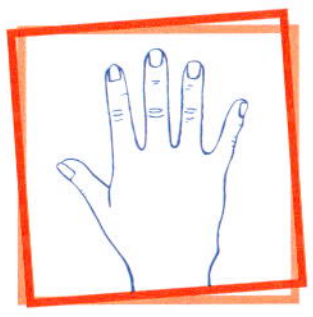
Beim Zwergenturnen können sich die Kinder körperlich erproben und ihre Motorik verbessern.

Ein fröhliches Lied animiert zum Mitsingen und Mitbewegen und fördert die Musikalität der Kleinen.

Mit einem selbst genähten Zwergenpüppchen werden Sie den Kindern eine große Freude machen und ihre Kreativität fördern.

Die Zwerge stehen zum Tanz bereit.

Toni, der kleine Zwerg

Das brauchen Sie

- Berge (graue Tücher über Kartons legen)
- Zwerge (aus Papier oder Spielfiguren)
- Schaufeln (kleine Dekoschaufeln)
- Glitzersteine
- Holztrage (konstruieren)
- Verbände (Stoffreste oder Mullbinde)
- Zwergenkraut (Kräutertee o. Ä.)
- Tee (Tasse aus Kinderküche)

Anleitung siehe S. 5

*Tief in den **Bergen** sind die **Zwerge** zu Hause. Sie sind klein und tragen lustige Zipfelmützen auf ihren Köpfen. Zwerge sind für gewöhnlich nicht besonders groß, aber Toni ist kleiner als alle anderen. Er ist ein liebenswerter Geselle mit langem Bart und einer roten Mütze. Jeden Tag machen sich die Zwerge auf den Weg, um tief unter den Bergen nach Edelsteinen zu suchen. Mit **Schaufeln** und anderen Werkzeugen brechen sie früh am Morgen auf. Als Toni mitkommen will, sagen sie: „Du kannst leider nicht mitkommen. Du bist zu klein. Unter den Bergen ist es viel zu gefährlich für dich." – „Aber ich möchte auch nach Edelsteinen suchen." – „Es geht nicht", antworten die anderen und machen sich auf den Weg. Der kleine Zwerg bleibt alleine zurück. Am Abend kommen sie wieder und haben die Taschen voller **Glitzersteine**. „Darf ich morgen mit euch kommen?", fragt Toni. – „Nein, Toni. Du bist so klein, dass du aus Versehen in eine Felsspalte fallen und dich verletzen könntest. Bleib lieber hier, dann geschieht dir nichts." Am nächsten Morgen machen sich die Zwerge wieder auf den Weg. Doch dieses Mal kehren sie früher als gewöhnlich zurück. Einer von ihnen hat sich am Fuß verletzt und die anderen tragen ihn auf einer **Holztrage**. „Was ist passiert?", will Toni wissen. „Ein großer Stein ist Hugo auf den Fuß gefallen", berichten sie. Den ganzen Tag und die ganze Nacht legen die Zwerge dem armen Hugo kühle **Verbände** an, doch auch am nächsten Morgen geht es ihm nicht besser. „Aua, aua", jammert er. „Es tut so weh." – „Hugo braucht dringend Medizin", sagen die Zwerge. „Aus einem Kraut, das tief in den Wäldern wächst, könnten wir ihm einen heilenden Tee zubereiten." – „Na, dann lasst es uns holen!", ruft Toni. – „Das geht nicht. Nur ein ganz schmaler Weg führt dorthin. Niemand von uns könnte diesen Weg betreten ohne hinabzustürzen." – „Aber warum denn nicht?" – „Wir sind zu groß. Nur eine Maus oder ein Eichhörnchen könnte den Weg gefahrlos begehen." – „Oder ein kleiner Zwerg, wie ich einer bin", spricht Toni und die anderen schauen ihn mit großen Augen an. Leise murmeln sie miteinander, dann sagt einer: „Wenn du es versuchen willst, wären wir dir sehr dankbar. Aber sei gewarnt. Der Weg ist sehr gefährlich." Toni macht sich dennoch auf die Suche und nach zwei Tagen kehrt er zurück. In seiner Tasche hat er das **Zwergenkraut**, aus welchem die anderen sofort einen heißen **Tee** kochen. Hugo trinkt diesen und schon bald geht es ihm besser. „Danke, Toni. Du hast den weiten und gefährlichen Weg auf dich genommen, um mir zu helfen. Du bist der mutigste Zwerg, den ich kenne", lacht Hugo. Und auch alle anderen sind stolz auf den kleinen Toni. Von diesem Tag an darf er die anderen auch zum Edelsteinsuchen begleiten und keiner sagt mehr, dass er für irgendetwas zu klein ist.*

Zwerglein

Material:

- Teefiltertüten (Größe 10 x 13 cm)
- bunte Fasermaler
- Pipette
- wasserfeste Unterlage (Teller o. Ä.)
- Schale mit Wasser
- Tonkarton in Hautfarbe, Weiß, Schwarz, Rot und nach Wunsch
- 2 Küchenkrepppapiere
- Schere
- Locher
- Klebstoff
- Klebeband

So sehen die fertigen Zwerge aus.

Durchführung

Für den Körper:

Die Kinder bemalen ihren Teefilter mit Fasermalern und legen ihn auf die wasserfeste Unterlage. Mithilfe der Pipette befeuchten sie ihn. Sobald die Farben mit Wasser in Berührung kommen, entstehen auf dem Filterpapier wunderschöne Farbverläufe. Den gefärbten Filter lassen sie trocknen.

Sorgfältig wird der Filter mit Wasser beträufelt.

Zum Füllen:

Diesen Arbeitsschritt müssen Sie übernehmen, da er für Ihre Jüngsten noch zu schwierig ist: Legen Sie zwei Küchenpapiere übereinander, falten Sie diese mittig und rollen Sie sie zusammen. Diese Papierrolle stecken Sie in die getrocknete Teefiltertüte hinein, drehen diese oben zusammen und fixieren sie mit Klebeband. Fertig ist der Zwergenkörper.

Geschickt wird die Nase festgeklebt.

Für den Kopf:

Bereiten Sie ein hautfarbenes, 5 x 5 cm großes Quadrat für den Kopf vor, einen weißen, 1 cm breiten Streifen für die Augen, einen roten, 2 cm großen Kreis für den Mund und ein 5 x 6 cm großes Rechteck für die Mütze in der Wunschfarbe der Kinder.

Die Kleinen schneiden am Kopf alle vier Ecken ab. Vom weißen Streifen schneiden sie zwei Stücke als Augen ab und kleben schwarze Locherpunkte als Pupillen auf. Den Kreis halbieren die Kinder und verwenden eine Hälfte als Mund. Das Rechteck schneiden sie auf einer schmalen Seite spitz zu und verwenden es als Mütze. Die Einzelteile des Gesichtes setzen die Kinder mit Klebstoff zusammen, einen roten Locherpunkt fixieren sie als Nase.

Für die Arme:

Schneiden Sie einen 1,5 x 10 cm langen Streifen in derselben Farbe wie die gewählte Mütze für die Arme zu sowie einen hautfarbenen, 2 cm großen Kreis für die Hände. Die Kinder halbieren Streifen und Kreis und setzen die entstandenen Hälften zu Armen und Händen zusammen. Kopf und Arme befestigen die Kinder am Körper und fertig ist ein fröhliches Zwerglein.

Zwerge unterwegs im Wald

Erzählen Sie den Kindern, dass sie heute gemeinsam mit den Zwergen den Wald erkunden werden. Bauen Sie die Stationen wie beschrieben auf oder verwenden Sie die Materialien, die Sie in Ihrer Einrichtung vorfinden.

Zum Warmwerden

Material

- Säckchen

„Mützenlaufen"

Mit ihren roten Zwergenmützen sind die Zwerge leicht zu erkennen. Dass es gar nicht so einfach ist, damit umherzuspazieren, werden die Kinder schnell feststellen, wenn sie mit kleinen Säckchen auf dem Kopf laufen dürfen. Und dabei sollten die Säckchen (Mützen) nicht festgehalten werden.

Meine Mütze fällt mir nicht auf den Boden.

Station: „Waldlauf"

Material

- Holzwippe
- 2 Weichbodenmatten, alternativ Kriechtunnel

Durchführung

Stellen Sie die Matten so auf, dass eine Art Tunnelgang entsteht (Tannenwald), und platzieren Sie die Holzwippe (Brücke) verkehrt herum, direkt im Anschluss.
Berichten Sie den Kindern, dass die Zwerge durch den dichten Tannenwald spazieren und anschließend über eine Brücke gehen müssen, ehe sie ihr Zwergenhäuschen erreichen. Die Kleinen laufen durch den Tunnelgang hindurch und krabbeln oder laufen über die Wippe. Dabei trainieren sie ihr Körpergefühl und ihre Ausdauer.

Die Zwerge kommen aus dem Wald.

Station: „Pilze"

Material

- 2 Langbänke
- mehrere Gummiringe
- Bälle (Anzahl entsprechend der Gummiringe)
- Matten zum Absichern

Durchführung

Stellen Sie die Bänke (Baumstämme) in einem 90-Grad-Winkel zueinander auf und platzieren Sie die Gummiringe in unregelmäßigen Abständen darauf. In jeden Ring legen Sie einen Ball hinein und fertig sind die Pilze. Die Zwerge mögen es, über dicke Baumstämme zu balancieren. Doch hin und wieder wachsen dort Pilze und sie müssen vorsichtig über diese hinwegsteigen. Die Kinder klettern auf die Bank und balancieren zur anderen Seite. Dabei steigen sie über die Pilze hinweg, wobei sie ihren Gleichgewichtssinn schulen.

Die Zwerge steigen über die Pilze.

Zwi-Zwa-Zwackelzwerg

Noten: *traditionell, „Es tanzt ein Bi-Ba-Butzemann"*
Text: *Beate Vogel*

2. II: Es tanzt ein Zwi-Zwa-
Zwackelzwerg … :II
Tippt mit den Fingern immerzu,
von früh bis spät, gibt keine Ruh.
Es tanzt ein Zwi- Zwa- Zwackel-
zwerg in unserm Kreis herum.

3. II: Es tanzt ein Zwi-Zwa-
Zwackelzwerg … :II
Patscht auf die Beine immerzu,
von früh bis spät, gibt keine Ruh.
Es tanzt ein Zwi- Zwa- Zwackel-
zwerg in unserm Kreis herum.

4. II: Es tanzt ein Zwi-Zwa-
Zwackelzwerg … :II
Winkt mit den Händen immerzu,
von früh bis spät, gibt keine Ruh.
Es tanzt ein Zwi- Zwa- Zwackel-
zwerg in unserm Kreis herum.

5. II: Es tanzt ein Zwi-Zwa-
Zwackelzwerg … :II
Und wird es Abend, geht er heim.
Er gähnt ganz laut und schläft
bald ein.
Es schläft ein Zwi- Zwa- Zwackel-
zwerg in seinem Bettchen ein.

Gut zu wissen:

Dieses lustige Lied lässt sich prima als Bewegungsspiel durchführen. Dazu tanzen alle im Kreis herum und führen entsprechend der einzelnen Strophen die jeweiligen Bewegungen aus (tanzen, klatschen, tippen, patschen, winken, gähnen, schlafen legen). Vielleicht haben die Kinder ja auch noch eigene Ideen für weitere Bewegungen, der Fantasie sind keine Grenzen gesetzt.

Zwergen-Fingerpuppe

Material

- Filz in den Farben Rot, Blau und Beige
- rotes, blaues und grünes Nähgarn
- Stickgarn fürs Gesicht
- Stecknadeln und eine Näh-/Sticknadel
- Schere
- Nähmaschine
- Stift

So sieht die fertige Fingerpuppe aus.

Durchführung

Für jeden Zwerg benötigen Sie ein Vorder- sowie ein Rückteil. Basteln Sie sich aus dicker Pappe Vorlagen für eine Zwergenmütze, einen Kopf und einen Zwergenkörper (s. Foto). Übertragen Sie die Vorlagen von der Mütze, dem Kopf und dem Körper je 2-mal auf den Filz und schneiden Sie die Einzelteile entlang der gezeichneten Linie aus.

Heften Sie zunächst die Körpereinzelteile der Vorderseite entsprechend der Abbildung mit Stecknadeln fest und nähen Sie diese mit der Nähmaschine zusammen (den Kopf auf den Körper, die Mütze auf den Kopf). Sie können dabei die Farbe des Nähgarns entsprechend der Farbe des Filzes auswählen.

Nach demselben Verfahren werden die Einzelteile der Rückseite des Zwerges zusammengenäht. Achten Sie jedoch auf die veränderte Position der Einzelteile (den Kopf hinter den Körper, die Mütze auf den Kopf).

Sticken Sie nun von Hand das Gesicht auf die Vorderseite des Zwerges auf und nähen Sie das Vorder- und Rückteil mit der Nähmaschine entlang der Außenkante zusammen.

Fertig ist das Zwergenpüppchen, mit dem die Kinder lustige Sprechspiele und Reime darstellen können.

Noah und seine Arche

Noah ist eine biblische Figur, die von Gott beauftragt wurde, ein großes Schiff zu bauen. In der Bibel ist im Buch Genesis zu lesen, dass Gott traurig und enttäuscht darüber war, dass die Menschen, die er erschaffen hatte, nicht gut waren. Er beschloss, eine große Flut über die Erde zu schicken. Noah sollte für sich, seine Familie und alle Landtiere ein Schiff bauen, auf dem alle Platz finden würden. Von jeder Tierart sollte er genau ein Paar mitnehmen, damit diese sich vermehren und überleben konnten. Die Noah-Geschichte ist heute aktueller denn je. Denn gerade in Zeiten des Klimawandels und der globalen Erderwärmung ist ein wertschätzender und nachhaltiger Umgang mit der Natur unerlässlich. Dieses Projekt kann als Anlass dienen, um bereits den Jüngsten einen achtsamen Umgang mit Menschen, Tieren und Pflanzen zu vermitteln, und ihnen zeigen, wie wichtig es ist, die Erde und alles, was darauf lebt und wächst, zu schützen und zu bewahren. Schließlich gibt es überall so viele wunderbare Dinge zu entdecken und zu bestaunen. In diesem Projekt haben wir die biblische Geschichte von Noah kindgerecht aufbereitet und mit vielen Angeboten für die Kleinen ganzheitlich erleb- und erfahrbar gemacht.

In einer Geschichte lernen die Kinder Noah kennen und erfahren, warum er eine große Arche baute.

In einem Kreativangebot können die Kleinen Noah gestalten und schulen dabei ihre Feinmotorik.

In einem weiteren Kreativangebot gestalten die Kinder eine Arche mit verschiedenen Tieren.

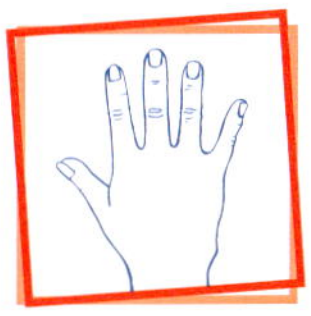

Ein Fingerspiel berichtet von Noah und seiner Arche und fördert die Sprache und Koordination der Kinder.

Bei einem Spiel lernen die Kleinen verschiedene Tiere kennen und schulen ihre Sprache.

Noahs Arche hatte Platz für viele Tiere.

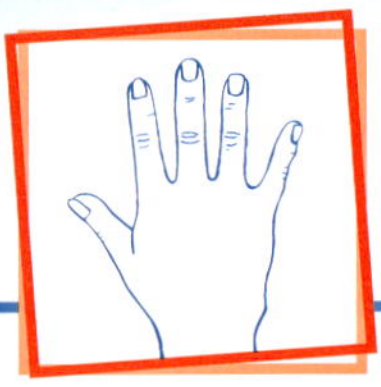

Noah und seine Arche

Das brauchen Sie

- Menschen (Spielfiguren oder aus Papier)
- Tiere nach Wahl (Spielfiguren oder aus Papier)
- Noah, seine Frau, 3 Söhne und 3 Frauen (Spielfiguren oder aus Papier)
- Arche (Holzschiff oder konstruieren)
- Sonne (aus Papier)
- Regen (blaue Locherpunkte)
- Wasser (blaues Tuch)
- Taube (Spielfigur oder aus Papier)
- Zweig (echter oder aus Papier)
- Land (braunes Tuch)
- Regenbogen (aus Papier)

Anleitung siehe S. 5

Vor langer, langer Zeit erschuf Gott die Erde. Sie war wunderschön und alle ***Menschen*** *und* ***Tiere*** *lebten glücklich miteinander. Doch irgendwann hörten die Menschen auf, sich um die Tiere und Pflanzen zu kümmern. Sie stritten miteinander und jeder kümmerte sich nur noch um sich selbst. Das machte Gott sehr traurig. Er beschloss, eine große Flut über die Erde zu schicken, die alles mit Wasser überschwemmen sollte. Ein Mensch jedoch sollte davon verschont bleiben, denn er war gut und kümmerte sich nicht nur um sich selbst, sondern auch um andere. Sein Name war* ***Noah****.*
Noah hatte eine ***Frau*** *und* ***drei Söhne****. Eines Nachts sprach Gott zu Noah: „Bald wird eine große Flut über die Erde kommen. Viele Tage lang wird es regnen und alles überschwemmen, was auf der Erde lebt und wächst. Aber du und deine Familie, ihr sollt gerettet werden. Baue dir ein großes Schiff aus Holz, eine Arche, in der du und viele Tiere einen Platz finden. Nimm von allen Tieren zwei mit und vergiss nicht, Futter für sie und Nahrung für dich und deine Familie mitzunehmen, denn du wirst lange Zeit nichts zu essen finden." Noah tat, wie ihm gesagt wurde, und baute eine riesige* ***Arche****.*
Die Menschen betrachteten ihn und lachten: „Was tust du denn da?", riefen sie ihm zu.
„Ich baue ein Schiff. Eine große Flut wird kommen und alles überschwemmen. Helft mir doch, dann findet auch ihr einen Platz, wenn der Regen kommt."
„Es kommt kein Regen. Sieh doch, die ***Sonne*** *scheint. Seit Wochen ist kein Regentropfen vom Himmel gefallen." Und dann liefen sie lachend davon.*
Als das Schiff fertig war, ließ Noah von allen Tieren zwei herein: Elefanten und Affen, Pinguine, Katzen, Giraffen und unzählige mehr. Zuletzt gingen er, seine Frau und die drei Söhne mit ihren Frauen auf das Schiff, dann verschlossen sie das Tor. Kurze Zeit später fing es an zu ***regnen****. Es regnete mehr und mehr und schon bald war die Arche von* ***Wasser*** *umgeben.*
Die Flut überschwemmte alles, nur Noah und die Tiere waren in Sicherheit. Vierzig Tage lang regnete es, dann öffnete Noah ein Fenster und blickte nach draußen. Die ***Sonne*** *schien und er ließ eine Taube fliegen, die nach Land Ausschau halten sollte. Nach einigen Tagen kehrte sie zurück. Im Schnabel trug sie einen grünen* ***Zweig*** *und Noah wusste, dass sie einen trockenen Platz gefunden hatte. Bald erreichte er auch mit seinem Schiff das* ***Land*** *und alle stiegen aus der Arche. In diesem Augenblick erschien ein wunderschöner* ***Regenbogen*** *am blauen Himmel und Gott sprach: „Dies soll eure neue Heimat sein, ein neuer Platz zum Leben. Sorgt gut für euch und für alle Tiere und Pflanzen, die mit euch hier leben und wachsen, dann soll nie wieder eine solche Flut über die Erde kommen. Das verspreche ich euch. Und als Zeichen für mein Versprechen leuchtet der bunte Regenbogen am Himmel."*

angelehnt an Genesis 6,1– 9,29

Noah und die Arche

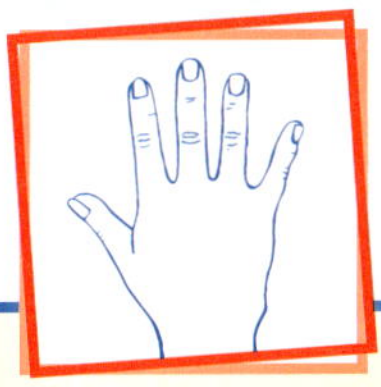

Material

Für Noah:

- Tonkarton in Hautfarbe, Weiß, Rot, Hellbraun, Dunkelbraun
- weiße Märchenwolle
- Schere
- Locher
- Klebstoff

Für die Giraffe:

- Tonkarton in Gelb, Braun, Weiß, Schwarz

Für den Elefanten:

- Tonkarton in Grau, Weiß, Schwarz

Für den Pinguin:

- Tonkarton in Schwarz, Weiß, Orange

Für die Arche:

- brauner Tonkarton

Noah und seine Arche

Durchführung Noah

Für den Kopf:

Bereiten Sie ein hautfarbenes, 9 x 11 cm großes Rechteck für den Kopf vor sowie einen weißen, 1,5 cm breiten Streifen für die Augen.

Die Kinder schneiden am Kopf alle vier Ecken ab. Vom weißen Streifen schneiden sie zwei Stücke als Augen ab und kleben schwarze Locherpunkte als Pupillen auf. Einen roten Locherpunkt verwenden sie als Nase. Die Einzelteile des Gesichtes setzen die Kleinen mit Klebstoff zusammen. Weiße Märchenwolle befestigen sie als Haare und Bart.

Für den Körper:

Schneiden Sie ein dunkelbraunes, 25 x 17 cm großes Rechteck für den Bauch zu, einen dunkelbraunen, 3 x 22 cm langen Streifen für die Arme, einen hell- und dunkelbraunen, 4 cm großen Kreis für Hände und Füße und einen hellbraunen, 2 x 16 cm langen Streifen für die Beine.

Die Kleinen schneiden auf einer schmalen Seite des Bauchs beide Ecken ab. Die beiden Streifen und Kreise halbieren sie und verwenden die entstandenen Hälften als Arme, Beine, Hände und Füße. Die Einzelteile des Körpers setzen sie mit Klebstoff zusammen, den Kopf fixieren sie am Körper.

Durchführung Giraffe

Fertigen Sie ein gelbes, 13 x 8 cm großes Rechteck für den Kopf an, einen weißen, 2 cm breiten Streifen für das Auge, ein gelbes, 3 x 5 cm großes Rechteck für das Ohr, einen braunen, 0,5 cm breiten Streifen für Hörner und Fleckenmuster sowie einen gelben, 3 cm breiten Streifen für den Hals.

Die Kinder schneiden den Kopf auf einer schmalen Seite schräg zu. Vom weißen Streifen schneiden sie ein Stück als Auge ab und kleben einen schwarzen Locherpunkt als Pupille auf.

Noah und die Arche

Das gelbe Rechteck schneiden sie diagonal durch und verwenden eine Hälfte als Ohr. Für die Hörner schneiden die Kleinen vom braunen Streifen zwei lange und zwei kurze Stücke ab und für die Flecken beliebig viele kleine Stücke. Für den Hals schneiden sie ein etwa 18 cm langes Stück ab. Die Einzelteile der Giraffe setzen die Kinder mit Klebstoff zusammen.

So sieht die fertige Giraffe aus.

Durchführung Elefant

Bereiten Sie ein graues, 11 x 11 cm großes Quadrat für den Kopf vor sowie einen 7 cm großen Kreis für die Ohren und einen 1,5 cm breiten Streifen für den Rüssel. Schneiden Sie einen weißen, 2 cm breiten Streifen für die Augen zu und ein 2 x 6 cm großes Rechteck für die Zähne. Ihre Jüngsten schneiden am Kopf alle vier Ecken ab und halbieren den Kreis. Vom grauen Streifen schneiden sie ein etwa 11 cm langes Stück ab. Vom weißen Streifen schneiden sie zwei Stücke als Augen ab und kleben schwarze Locherpunkte als Pupillen auf. Das Rechteck schneiden die Kinder diagonal durch und verwenden beide Dreiecke als Zähne. Die Einzelteile des Elefanten setzen sie mit Klebstoff zusammen. Um einen plastischeren Effekt zu erzielen, können Sie das Rüsselende über die geschlossene Klinge einer Schere ziehen, dann rollt dieses sich leicht ein.

Das ist ein fertiger Elefant.

Durchführung Pinguin

Fertigen Sie ein schwarzes, 8 x 8 cm großes Quadrat für den Kopf an sowie einen 10 cm großen Kreis für die Flügel. Schneiden Sie einen weißen, 1,5 cm breiten Streifen für die Augen zu sowie ein 9 x 7 cm großes Rechteck für den Bauch und ein orangefarbenes, 3 x 4 cm großes Rechteck für den Schnabel. Die Kleinen schneiden am Kopf alle Ecken ab und halbieren den Kreis. Vom weißen Streifen schneiden sie zwei Stücke als Augen ab und kleben schwarze Locherpunkte als Pupillen auf. Am Bauch schneiden sie auf einer schmalen Seite beide Ecken ab und das orangefarbene Rechteck schneiden sie diagonal durch und verwenden eine Hälfte als Schnabel. Die Einzelteile des Pinguins setzen die Kinder mit Klebstoff zusammen.

So sieht ein fertiger Pinguin aus.

Durchführung Arche und Fertigstellung

Bereiten Sie einen braunen, 40 cm großen Kreis zu, welchen die Kinder halbieren. Die Tiere befestigen sie von hinten am Halbkreis und fertig ist Noahs Arche.

Alle Tiere sind auf der Arche.

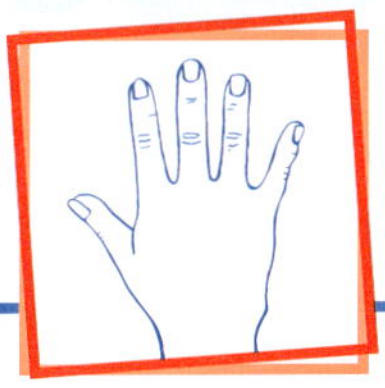

Noah und seine Arche

Verse sprechen …	Finger spielen …
Viele dunkle Regenwolken ziehn am Himmel auf.	*Mit beiden Händen die Wolken darstellen;*
Und dann fallen große Tropfen, die Flut nimmt ihren Lauf.	*Finger als Regentropfen bewegen*
Noah und die Tiere flüchten schnell mit ihrem Boot. Fahren übers weite Meer im dunklen Abendrot.	*Handflächen aufeinanderlegen und schlangenförmig bewegen*
Endlich dann nach vielen Tagen kommt die Sonne raus. Und ein bunter Regenbogen zieht am Himmel auf.	*Finger beider Hände spreizen = Sonne*
Die Taube bringt den Zweig zurück, den sie am Ufer fand.	*Arme auf- und abbewegen;*
Und Noah geht mit seinen Tieren zurück ans sichre Land.	*ausladende Handbewegung ausführen*

Alle Tiere auf die Arche

Das brauchen Sie

- 1 Jutesack oder Stoffbeutel
- verschiedene Tierpaare
- 1 größeren Korb
- 1 Holzbrett oder 1 Holzlatte

So geht es

Wichtig: Die Kinder haben bereits die Geschichte von Noah und seiner Arche im Vorfeld kennengelernt.

Legen Sie das Holzbrett als Rampe auf den Rand des Korbes (Schiff). Anschließend verteilen Sie jeweils ein Tier der verschiedenen Tierpaare um das Schiff herum, das zweite Tier wird in den Jutesack gelegt. Erzählen Sie nun den Kindern, dass es endlich so weit ist. Noah hat die Arche fertiggestellt und alle Tiere können an Bord. Doch dazu braucht er unsere Hilfe. Abwechselnd darf jedes Kind in den Sack hineingreifen und ein Tier herausnehmen. Bestimmt können sie das Tier schon mit Namen benennen und den jeweils passenden Partner dazu finden. Schließlich darf jedes Kind sein gefundenes Tierpaar über die Rampe in die Arche bringen.

Von diesem einfachen Spiel sind schon kleine Kinder begeistert. Neugierig greifen sie in den Jutesack und sind gespannt, was sie herausnehmen werden. Ihr Interesse an verschiedenen Tieren wird geweckt. Und nebenbei werden sowohl ihre taktile Wahrnehmung als auch ihre kognitive und sprachliche Entwicklung gefördert.

Tipp:

Sie können das Gehen der Tiere über die Rampe mit einem einfachen Vers sprachlich begleiten.
Beispiel: Das Zebra ist nicht mehr allein, mit seinem Freund geht es ins Schiff hinein.
(den Tiernamen entsprechend abändern)

Alles, was fährt und rollt

Kinder lieben Fahrzeuge aller Art. Ob Auto, Stadtbus oder Eisenbahn, alles, was rollt und fährt, ist spannend und interessant. Wenn Müllabfuhr, Feuerwehr oder Polizei an der Kita vorbeifahren, sind die Kleinen nicht mehr zu bremsen. Aufgeregt laufen sie zum Fenster und schauen den vorbeifahrenden Fahrzeugen hinterher. Damit etwas überhaupt rollen oder fahren kann, benötigt es Räder. Es gibt bereits Funde von Rädern die auf das 4. Jahrtausend vor Christus datiert wurden. Lange Zeit wurden diese ausschließlich aus Holz konstruiert, später fanden auch andere Materialien wie Eisen, Stahl oder Gummi Verwendung in der Radherstellung. Das Rad als solches ist ein scheibenförmiger Gegenstand, der um eine Achse drehbar gelagert ist. Man unterscheidet zwischen rollenden Rädern, wie sie beim Fahren benötigt werden, und drehenden Rädern, wie es beispielsweise bei einem Lenkrad der Fall ist. In diesem Projekt widmen wir uns rollenden Rädern und fahrenden Beförderungsmitteln. Die Kinder lernen die Eigenschaften des Rades kennen und spüren am eigenen Körper, wie man sich mit Fahrzeugen vorwärtsbewegen kann. Ob echte Fahrzeuge oder als Spielzeugvariante in kleinerem Maßstab, Kinder lieben sie, weshalb wir diese Thematik mit in das Buch aufgenommen haben.
Wir wünschen Ihnen nun viel Vergnügen beim Drehen, Rollen und Fahren.

In einer Geschichte entdecken die Kinder viele große und kleine Fahrzeuge, die rollen und fahren können.

In einem Kreativangebot dürfen die Kleinen ein Feuerwehrauto aus Papier anfertigen und verbessern dabei ihre Feinmotorik.

Ein fröhliches Würfelspiel fördert die Konzentration der Kinder und sie lernen, Farben zu erkennen, zu benennen und zuzuordnen.

Ein Lied animiert zum Mitsingen und schult die Musikalität der Kleinen.

Die Kinder helfen bei der Zubereitung einer Toastbroteisenbahn und verbessern ihre Feinmotorik.

Mein Rutschauto ist blau und schnell.

Rund sind all die vielen Räder

Das brauchen Sie

- Leoni, Leonis Papa (Spielfigur oder aus Papier)
- Carlas Mutter, Carla, Ben (Spielfiguren oder aus Papier)
- Laufrad (aus Papier oder konstruieren)
- Müllabfuhr (Spielauto oder aus Papier)
- Müllmänner (Spielfiguren oder aus Papier)
- Mülltonne (Spielzeug oder konstruieren)
- Feuerwehr (Spielauto oder aus Papier)
- Auto (Spielzeug oder aus Papier)
- Kinderwagen (Puppenwagen oder konstruieren)
- Bilderbuch „Fahrzeuge"

Anleitung siehe S. 5

__Leoni__ ist mit ihrem __Papa__ auf dem Weg zur Kita. Sie hat ihr neues __Laufrad__ dabei, das sie zu ihrem zweiten Geburtstag bekommen hat. Leoni liebt das Rad, denn sie mag alles, was Räder hat und fährt. Mit dem Helm auf dem Kopf düst sie los. Doch bereits kurze Zeit später hält sie schon wieder an. „Papa, die __Müllabfuhr__!", ruft sie laut und sieht den freundlichen __Männern__ bei der Arbeit zu. Einer von ihnen rollt eine schwere __Mülltonne__ zum Fahrzeug, hängt sie hinten ein und drückt auf einen runden Kopf. Sofort bewegt sich die Tonne nach oben und all der viele Müll wird in das große Müllauto gekippt. Als die Tonne geleert ist, fährt die Müllabfuhr weiter und einer der Müllmänner winkt ihr zum Abschied zu. Auch Leoni fährt weiter. Immer auf dem Gehweg neben ihrem Vater, der aufpasst, dass seiner Tochter nichts passiert. „Tatütata" ertönt es plötzlich. Leoni und ihr Vater schauen sich sogleich um, als die __Feuerwehr__ an ihnen vorbeisaust. Mit Blaulicht und lautem Martinshorn rollt sie die Straße entlang. „Vielleicht ist irgendwo ein Unfall passiert oder es brennt?", vermutet Leoni.

„Auf jeden Fall haben sie es ziemlich eilig, wenn sie so schnell unterwegs sind", bestätigt ihr Papa. Als die beiden an der Kita ankommen, fährt auch Pauls Mama mit dem __Auto__ herbei. Paul ist Leonis bester Freund. Weil er etwas weiter weg wohnt, bringt seine Mutter ihn immer mit dem Auto zur Kita und holt ihn auch wieder mit dem Auto ab. Leoni winkt Paul zu, doch seine Mama muss erst mal einen Parkplatz finden. Da geht es bei Leoni schneller. Sie steigt von ihrem Laufrad ab und ihr Papa stellt es in einen Fahrradständer hinein, damit es nicht umfällt. In diesem Augenblick schiebt Carlas __Mutter__ den __Kinderwagen__ um die Ecke. Carla ist zwei Jahre alt, so wie Leoni, und hat gerade erst ein Geschwisterchen bekommen. Der kleine __Ben__ ist ein ganz Lieber und schläft die meiste Zeit. Leoni schaut in den Kinderwagen hinein und wie immer: Ben schläft. Carla und Leoni flitzen in die Kita und ziehen sogleich ihre Hausschuhe an. „Du hast deinen Helm vergessen!", ruft Leonis Vater ihr zu.

„Ups", kichert sie und legt ihn an ihren Garderobenplatz.

„Tschüss, Leoni", sagt ihr Papa noch. „Denk dran, heute Nachmittag wollen wir zu Oma und Opa."

„Mit dem Zug", jubelt Leoni und freut sich schon darauf. „Tschüss, Papa. Bis später." Und dann gehen die beiden Freundinnen in den Gruppenraum und suchen sich etwas zum Spielen aus. Und was sucht sich Leoni wohl aus? Richtig, ein __Bilderbuch__ mit vielen Fahrzeugen darin und alle haben Räder und können fahren und das gefällt ihr.

Rotes Feuerwehrauto

Material

- Tonkarton in Rot, Schwarz, Weiß, Hellblau, Dunkelblau
- Schere
- Klebstoff

Die große Karosserie wird zugeschnitten.

Durchführung

Bereiten Sie ein rotes, 15 x 25 cm großes Rechteck für die Karosserie vor, einen schwarzen, 6 cm großen und einen weißen, 3 cm großen Kreis für die Räder, einen hellblauen, 20 x 4 cm langen Streifen für die Fenster und ein dunkelblaues, 3 x 2 cm großes Rechteck als Blaulicht.
Die Kinder schneiden auf einer breiten Seite der Karosserie beide Ecken ab.

Die blauen Fenster werden sorgfältig aufgeklebt.

Die Kreise halbieren sie und verwenden alle vier Halbkreise als Räder.

Die Räder sind schon fertig.

Den hellblauen Streifen vierteln die Kleinen und verwenden die entstandenen Stücke als Fenster. Für die Frontscheibe schneiden sie eines der Fenster schräg zu.
Die Einzelteile der Feuerwehr setzen die Kleinen mit Klebstoff zusammen.

So sieht ein fertiges Feuerwehrauto aus.

Müllabfuhr & Co.

Dieses farbenfrohe Würfelspiel können Sie leicht selbst herstellen und es wird Ihre Jüngsten sicher begeistern.

Alle Fahrzeuge haben ihre Räder.

Material

- Tonkarton in Rot, Blau, Grün, Orange, Schwarz
- Schere
- Klebstoff
- Laminiergerät und Folien
- Blankowürfel
- Klebeband
- Flaschendeckel (je 4-mal rot, blau, grün, orange)

Durchführung

Basteln Sie aus dem Tonkarton folgende Fahrzeuge jeweils in zweifacher Ausfertigung: Müllabfuhr, Feuerwehr, Polizeiauto und Lokomotive. Laminieren Sie alle Fahrzeuge, damit diese stabil und abwaschbar sind, und schneiden Sie sie anschließend aus.

Den Würfel präparieren Sie wie folgt:

Fertigen Sie jeweils einen roten, orangefarbenen, grünen, blauen und schwarzen Punkt an sowie einen Kreis, der zu je einem Viertel rot, orange, grün und blau ist (= Wunschpunkt). Befestigen Sie die Punkte mit dem Klebeband auf dem Würfel.

So wird gespielt:

Verteilen Sie die Fahrzeuge auf dem Boden oder einem Tisch und legen Sie die Flaschendeckel in eine Materialschale oder ein Körbchen.

Legen Sie den Würfel bereit und berichten Sie den Kindern, dass jedes Fahrzeug zwei Räder in der entsprechenden Farbe benötigt, damit es fahren kann. Gewürfelt wird reihum.

Würfeln die Kleinen Rot, Orange, Grün oder Blau, dürfen sie jeweils ein Rad in der gewürfelten Farbe auf das passende Fahrzeug legen.

Wer den Wunschpunkt würfelt, kann sich ein Rad aussuchen und zum entsprechenden Fahrzeug legen.

Wird eine Farbe gewürfelt, von der kein Flaschendeckel mehr übrig ist, ist der nächste Mitspieler an der Reihe.

Wird der schwarze Punkt gewürfelt, bedeutet dies „Reifenpanne“. Ein Flaschendeckel nach Wunsch wird von einem Fahrzeug entfernt und zurück in die Materialschale bzw. das Körbchen gelegt.

Das Spiel ist zu Ende, wenn jedem Fahrzeug beide Räder in der passenden Farbe zugeordnet wurden.

Was rollt denn da?

Noten: *traditionell, „Ein kleines, graues Eselchen"*
Text: *Beate Vogel*

2. Was rollt denn da die Straß' entlang,
komm, schau dir das mal an!
Ein Auto braust daher geschwind,
so schnell grad wie der Wind.
Bleib stehn, bleib stehn, bleib stehn
und schau's dir an.

3. Was rollt denn da die Straß' entlang,
komm, schau dir das mal an!
Das Müllauto fährt auch vorbei,
leert Tonnen, eins, zwei, drei.
Bleib stehn, bleib stehn, bleib stehn
und schau's dir an.

4. Was rollt denn da die Straß' entlang,
komm, schau dir das mal an!
Die Feuerwehr ist auch schon da,
macht laut Tatütata.
Bleib stehn, bleib stehn, bleib stehn
und schau's dir an.

5. Und in der Nacht im Mondenschein
kehrt endlich Ruhe ein.
Dann rollt nichts mehr die Straß'
entlang, komm, schau dir das mal an!
Bleib stehn, bleib stehn, bleib stehn
und schau's dir an.

Toastbrot-Eisenbahn

Bereiten Sie gemeinsam mit den Kleinen doch mal ein gesundes Frühstück in Form einer Eisenbahn zu. Jeder kann sich entsprechend seiner Fähigkeiten einbringen. Egal ob beim Schneiden der Rohkost, beim Bestreichen und Belegen der Brote oder beim Anrichten der Waggons, jede Mithilfe ist gefragt.

Im Vorfeld zu beachten

Gestalten Sie die Lokomotive schon im Vorfeld, um genügend Zeit zum Richten der Waggons mit den Kindern zur Verfügung zu haben. Dazu benötigen Sie acht Toastbrotscheiben, die Sie der Abbildung entsprechend zueinander aufstellen und an den Verbindungsstellen mit etwas Frischkäse zusammenfügen. Je nach Geschmack und Vorliebe verwenden Sie das Brot getoastet oder ungetoastet.

Zutaten

- Vollkorntoastbrot
- Frischkäse
- mehrere Scheiben Käse
- gekochter Schinken
- eine Salatgurke
- rote Paprika

Utensilien

- ggf. Toaster
- Schneidebrettchen
- Streichmesser
- Gemüsemesser
- Teller
- Backbleche o. Ä. als Unterlage

So geht es

Schneiden Sie gemeinsam mit den Kindern das gewaschene Gemüse (die Gurken in Scheiben, die Paprika in Streifen) und legen Sie es auf Tellern bereit. Geben Sie den Kleinen bitte immer Hilfestellung beim Umgang mit dem Messer.
Falls es nötig ist, schneiden Sie auch die Käsescheiben und den gekochten Schinken klein.
Nun kann jedes Kind seinen eigenen Waggon mit den Zutaten belegen und wer möchte, darf auch etwas Frischkäse aufstreichen.
Mithilfe der Paprikastreifen (Verbindungsstücke) werden die einzelnen Waggons an die Lokomotive angehängt und mit etwas Frischkäse Gurkenscheiben als Räder an den Seiten angebracht.
Fertig ist die einfache, aber leckere Toastbrot-Eisenbahn, die bestimmt allen gut schmeckt.

Backe, backe Kuchen

Jeder mag frisches Brot, Brötchen oder ein leckeres Stück Kuchen. Alle diese Köstlichkeiten verdanken wir dem Bäcker, der in seiner Backstube all dies zubereitet. Der Beruf des Bäckers ist ein Handwerk mit langer Tradition. Bereits seit dem 10. Jahrhundert gibt es die Bäckerzunft und schon immer musste ein Bäcker sehr früh aufstehen. Meist bereits gegen drei Uhr in der Nacht. Während die meisten Menschen um diese Zeit noch in ihren Betten liegen und schlafen, beginnt für den Bäcker schon die Arbeit. Er stellt Teige her, knetet, formt, dekoriert und bedient verschiedene Maschinen, die rühren, Zutaten vermengen oder backen. Sein wichtigster Rohstoff ist das Mehl, aus dem neben Brot und Brötchen auch Gebäck, Torten, Brezeln und vieles mehr hergestellt werden kann. Die Arbeitskleidung des Bäckers besteht meist aus einer Schürze und einer Mütze in traditionell weißer Farbe. Wir möchten den Kindern diesen tollen Handwerksberuf vorstellen und ihnen nahebringen, wie Brötchen, Brot & Co. entstehen. Natürlich dürfen die Kleinen auch selbst mit dem Rohstoff Mehl arbeiten und so in die Rolle des Bäckers schlüpfen. Wir wünschen Ihnen viel Spaß beim Kneten, Formen und Backen.

Eine Geschichte erzählt von Bäcker Bruno und die Kinder erfahren Wissenswertes über das Bäckerhandwerk.

Aus einer Butterbrottüte und einem Teefilter gestalten die Kleinen einen Bäcker und verbessern dabei ihre Feinmotorik.

Ein lustiges Fingerspiel fördert die Sprachentwicklung und die Koordination der Kinder.

Ganz wie ein Bäcker helfen die Kleinen bei der Zubereitung leckerer Frühstücksbrötchen mit.

Bei abwechslungsreichen Bewegungsstationen können sich die Kinder körperlich erproben und helfen dabei, einen Kuchen zu backen.

Ohne Mehl gibt's keinen Kuchen.

Bäcker Bruno backt

Das brauchen Sie

- Bruno (Spielfigur oder aus Papier)
- Mond (aus Papier)
- Wecker
- Bett (Puppenbett oder Karton mit Tuch auslegen)
- Rührmaschine (Kinderküche oder Schüssel)
- Brote, Brötchen, Brezeln, Kuchen (Kinderkaufmannsladen)
- Sonne (aus Papier)
- Besen (Dekobesen)
- Tüte

Anleitung siehe S. 5

Bruno ist Bäcker. Jeden Morgen muss er ganz früh aufstehen, damit die Menschen frisches Brot und leckere Brötchen kaufen können. Bruno steht sogar so früh auf, dass der **Mond** noch am Himmel zu sehen ist. Als sein **Wecker** klingelt, ist es noch mitten in der Nacht. „Uah“, gähnt er und reibt sich noch etwas verschlafen die Augen. Dann springt er gleich aus seinem **Bett** heraus, denn er muss zur Arbeit. Bruno zieht seine weiße Arbeitskleidung an und macht sich auf den Weg. In der Backstube angekommen, zieht er noch seine weiße Bäckermütze auf den Kopf, bindet sich eine Schürze um und los geht es. Zuerst muss Bruno den Teig für das Brot zubereiten. Er schüttet Mehl, Wasser, Salz und andere Zutaten in die große **Rührmaschine** und schon wird der Teig geknetet. Als der Teig fertig ist, formt Bruno viele **Brote** daraus und schiebt sie in den **Backofen**, wo sie knusprig braun gebacken werden. Als Nächstes sind die **Brötchen** an der Reihe. Auch hier benötigt er zuerst einen Teig. Bruno formt viele verschiedene Brötchen, manche bekommen noch leckere Sonnenblumen- oder Kürbiskerne obendrauf. Auch diese muss der Bäcker backen, ebenso wie die vielen **Brezeln**. Aber Bruno hat noch viel mehr zu tun. Jetzt sind nämlich die **Kuchen** dran. Heute backt er einen Apfelkuchen, einen Käsekuchen und noch eine süße Torte. Die Torte verziert er hübsch mit Marzipan und Zuckerguss, bevor sie fertig ist. Bruno hat alle Hände voll zu tun und kommt mächtig ins Schwitzen, aber es macht ihm auch großen Spaß, alle diese leckeren Dinge zu backen. Schon als kleiner Junge wollte er Bäcker werden und nun arbeitet er in der Backstube seines Vaters. Inzwischen ist die **Sonne** aufgegangen und die meisten Menschen stehen jetzt erst auf. Nicht so Bäcker Bruno. Er ist schon bald mit seiner Arbeit fertig. Als Letztes muss er noch die Backstube sauber machen, damit er morgen wieder neue Brote, Brötchen und Brezeln darin backen kann. Bruno fegt mit einem großen **Besen** den Boden, dann zieht er seine Mütze ab und macht Feierabend.

In der Hand trägt er eine **Tüte** voller köstlicher Leckereien, die er selbst gebacken hat. Brötchen und Brezeln, Croissants und einige leckere süße Teilchen. Dann macht Bruno sich auf den Heimweg, denn zu Hause will auch ein Bäcker erst einmal in aller Ruhe frühstücken, bevor er sich wieder ins Bett legen und ausruhen kann.

Bäcker Bruno

Material

- Butterbrottüten (Größe: 12,5 x 20 cm)
- Teefiltertüten (Größe: 10 x 13 cm)
- Tonkarton in Weiß, Rot, Schwarz, Hell- und Dunkelbraun, Hautfarbe
- Schere
- Klebstoff
- Locher
- Watte

So sieht Bäcker Bruno aus.

Durchführung

Für den Kopf:

Bereiten Sie ein hautfarbenes, 8 x 8 cm großes Quadrat als Kopf, einen weißen, 1 cm breiten Streifen für die Augen, einen roten, 2 cm großen Kreis als Mund, zwei hautfarbene, 2 x 2 cm große Quadrate als Ohren und einen hautfarbenen, 2 cm breiten Streifen für den Hals vor. Die Kinder schneiden am Kopf alle vier Ecken ab. Vom weißen Streifen schneiden sie zwei Stücke als Augen ab und kleben schwarze Locherpunkte als Pupillen auf. Den Kreis halbieren sie und verwenden eine Hälfte als Mund. An den Ohren schneiden sie auf jeweils einer Seite beide Ecken ab und vom hautfarbenen Streifen ein Stück als Hals. Die Einzelteile setzen sie mit Klebstoff zusammen.

Für die Bäckermütze:

Füllen Sie zusammen mit den Kindern etwas Watte in die Teefiltertüte, damit diese plastischer wirkt. Legen Sie den Kopf etwa 1 cm weit in die geöffnete Filtertüte und kleben Sie diese auf der Vorder- und Rückseite fest.

Für den Körper:

Fertigen Sie einen weißen, 3,5 x 30 cm langen Streifen für die Beine, einen dunkelbraunen, 4 cm großen Kreis für die Schuhe, zwei hautfarbene, 2,5 x 4 cm große Rechtecke als Hände und einen schwarzen, 1 cm breiten Streifen für die Knöpfe an. Die Kinder halbieren den weißen Streifen sowie den Kreis und verwenden die entstandenen Hälften als Beine und Schuhe. An den Händen schneiden sie auf jeweils einer schmalen Seite beide Ecken ab und vom schwarzen Streifen beliebig viele Stücke als Knöpfe.

Für die Jacke:

Für die Arme schneiden die Kinder zwei 3 cm breite Streifen von der geöffneten Seite der Butterbrottüte ab. An der Tüte knicken sie dann, ebenfalls von der geöffneten Seite, die Ecken nach hinten um und kleben diese fest. Die Arme befestigen sie von hinten an der Jacke. Setzen Sie nun die Einzelteile des Körpers mit Klebstoff zusammen und fixieren ihn am Hals.

Konzentriert werden die Knöpfe aufgeklebt.

Für den Brotschieber:

Schneiden Sie einen dunkelbraunen, 1 cm breiten Streifen zu sowie ein hellbraunes, 4 x 6 cm großes Rechteck. Ihre Jüngsten schneiden vom Streifen ein etwa 15 cm langes Stück ab und am Rechteck schneiden sie auf einer schmalen Seite beide Ecken ab. Die Einzelteile des Brotschiebers setzen sie mit Klebstoff zusammen und befestigen diesen an Bäcker Brunos Hand.

Backe, backe Kuchen

Verse sprechen ...	Finger spielen ...
Backe, Backe, Kuchen, wir backen einen Kuchen!	*Pantomimisch in einer Schüssel rühren*
Drum lasst uns in die Stadt schnell laufen und viele gute Sachen kaufen.	*Mit den Händen auf die Oberschenkel patschen*
Wir brauchen Eier und Schmalz, Zucker und Salz, Milch und Mehl und Safran macht den Kuchen gelb.	*Mit den Fingern die Zutaten aufzählen*
Alles wird nun gut verrührt. Schau, der Franz hat schon probiert!	*Pantomimisch in einer Schüssel rühren; mit dem Zeigefinger zur Kreismitte zeigen*
Wir brauchen doch noch etwas Zeit. Der Kuchen ist noch nicht so weit!	*Erhobener Zeigefinger; Kopf schütteln*
Erst muss er in den Ofen rein, und bald schon wird er fertig sein.	*Erhobener Zeigefinger; Kopf nicken*
Mmh, welch leckrer Kuchenduft liegt bei uns nun in der Luft!	*In die Luft schnuppern; Augen schließen*
Und wer möchte, darf versuchen, von dem selbst gebacknen Kuchen.	*Nach vorne ausgestreckte Unterarme bewegen sich von der Mitte aus zur rechten und linken Seite hin; Handflächen zeigen nach oben*

Frühstücksbrötchen

Kleine Kinder haben nicht nur Freude daran, leckeren Kuchen oder süße Teilchen zu essen, bestimmt helfen sie auch gerne mit, gemeinsam mit Ihnen Frühstücksbrötchen zu backen. Mit dem folgenden Rezept sind diese schnell und einfach zubereitet und gelingen auch schon den kleinsten Bäckermeistern mühelos.

Zutaten

- 300 g Dinkelmehl
- 1 P. Trockenhefe
- 1 TL Zucker
- 1 TL Salz
- 1 EL Öl
- 200 ml lauwarmes Wasser

Zum Bestreichen

- etwas Wasser oder
- 1 Ei
- evtl. Sonnenblumenkörner oder Körnermischung zum Verzieren

Außerdem

- Handrührgerät mit Knethaken
- Backblech
- Backpapier
- Messer
- Pinsel
- 2 Schälchen

So geht es

Bereiten Sie im Vorfeld den Hefeteig zu, indem Sie alle Zutaten mit dem Handrührgerät und den Knethaken zu einem glatten Teig verrühren. Stellen Sie diesen anschließend abgedeckt an einen warmen Ort und lassen ihn so lange ruhen, bis er etwa auf die doppelte Größe aufgegangen ist.

Vom fertigen Teig schneiden Sie für jedes Kind ein Stück ab. Die Kinder kneten ihr Stück noch einmal kräftig durch und formen es anschließend zu einer Kugel. Schneiden Sie die Brötchen mit dem Messer kreuzförmig ein und bestreichen Sie sie gemeinsam mit den Kindern mit etwas Wasser bzw. dem Ei. Bestreuen Sie sie nach Belieben mit den Körnern.

Die Frühstücksbrötchen legen Sie auf ein mit Backpapier ausgelegtes Backblech und backen sie bei 200 °C ca. 15 bis 20 Minuten auf mittlerer Schiene. Die Backzeit kann je nach Größe der Brötchen variieren.

Achtung: Bitte eine Tasse Wasser in eine Fettpfanne bzw. auf ein Backblech gießen und mit in den Backofen geben. Bei einem gemeinsamen Frühstück mit etwas Marmelade und Rohkost schmecken die Brötchen allen bestimmt sehr gut.

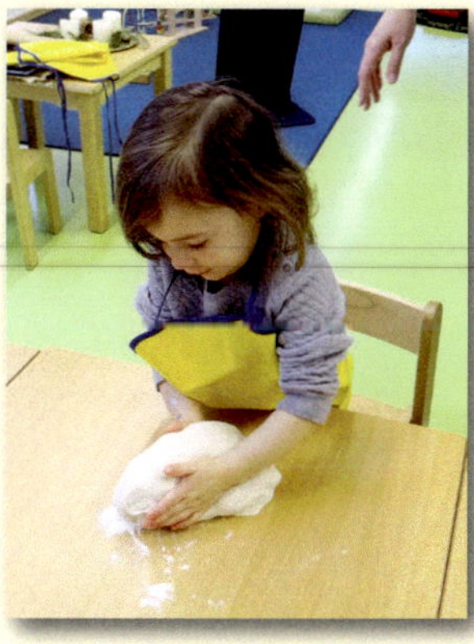

Kneten …

… einschneiden …

… bestreichen …

… bestreuen und fertig sind die Brötchen.

Backen mit Bewegung

Alle Kinder dürfen mithelfen, einen leckeren Kuchen zu backen. Dazu werden Zutaten benötigt, die zunächst zusammengetragen werden müssen.
An verschiedenen Bewegungsstationen können sich die Kinder Zucker, Butter, Eier und Mehl in Form von verschiedenfarbigen kleinen Bällen (z. B. vom Bällebad) nehmen und in den großen Korb (Rührschüssel) in der Mitte legen. Geübte Kinder dürfen zum Transport der Bälle auch eine kleine Schaufel verwenden.

Station 1: Zucker einrühren

Das brauchen Sie

- 1 kleinen Korb
- grüne Bälle
- kleine Schaufeln (Sandelspielzeug)
- 1 Leiter
- 2 kleine Bodenmatten
- 1 Wippe

So geht es

Legen Sie die Leiter zur Erhöhung auf die beiden Matten. Den Korb mit den Bällen und Schaufeln stellen Sie an einem Ende der Leiter, die umgedrehte Wippe am gegenüberliegenden Ende auf. Nun dürfen sich die Kinder einen Ball aus dem Korb nehmen, über die Sprossen der Leiter steigen und über die Wippe klettern. Anschließend legen sie den Ball in den großen Korb in der Mitte.

Station 2: Butter einrühren

Das brauchen Sie

- einen kleinen Korb
- gelbe Bälle, alternativ Bausteine
- kleine Schaufeln (Sandelspielzeug)
- mehrere Pylonen

So geht es

Stellen Sie die Pylonen mit etwas Abstand zueinander in einer Reihe auf. Den Korb mit den Bällen und den Schaufeln stellen Sie an den Beginn der Reihe. Die Kinder können sich einen Ball aus dem Korb nehmen, im Slalom um die Pylonen laufen und den Ball zum Korb in der Mitte bringen.

Nun geht es um die Pylonen herum.

Station 3: Mehl sieben

Das brauchen Sie

- 1 kleinen Korb
- rote Bälle
- 1 Kriechtunnel
- 2 kleine Bodenmatten

So geht es

Legen Sie den Kriechtunnel zwischen die beiden Bodenmatten, um ein seitliches Wegrollen zu verhindern, und stellen Sie den Korb mit den Bällen am Tunneleingang auf. Die Kinder kriechen oder krabbeln mit dem Ball durch den Tunnel und bringen ihn anschließend zum großen Korb.

Durch den Tunnel krabbeln macht Spaß.

Abschlussspiel

Am Ende der Bewegungseinheit können Sie alle Backzutaten (Bälle) in ein Schwungtuch oder großes Tuch legen und gemeinsam mit den Kindern kräftig vermischen.